GEORG KÜHLEWIND

DER SANFTE WILLE

*Vom Gedachten
zum Denken, vom Gefühlten
zum Fühlen, vom Gewollten
zum Willen*

VERLAG FREIES GEISTESLEBEN

4. Auflage 2006

Verlag Freies Geistesleben
Landhausstraße 82, 70190 Stuttgart
Internet: www.geistesleben.com

ISBN-13: 978-3-7725-1869-0
ISBN-10: 3-7725-1869-9

© 2000 Verlag Freies Geistesleben
& Urachhaus GmbH, Stuttgart
Umschlagmotiv: Buddha, singhalesisch, 800 – 850 n.Chr.
Foto: Jean-Louis Nou (© akg-images Berlin)
Druck: Offizin Chr. Scheufele, Stuttgart

Inhalt

ANHANG

Einstimmung:
Die Geschichte dieses Buches

Wenn man Jahre, Jahrzehnte hindurch Aufmerksamkeitsübungen macht, hat man eine ähnliche Erfahrung wie beim wiederholten Lesen eines anspruchsvollen Buches: Es leuchten immer wieder neue Entdeckungen, neue Aspekte, Facetten des Tuns beziehungsweise des Textes auf. Wenn das geschieht, fühlt man sich immer wieder schuldig, da man die späteren Entdeckungen in frühere Beschreibungen noch nicht einbeziehen konnte. Im Hinblick auf den Übungsweg (Erkenntnisweg, inneren Pfad) möchte ich in diesem Buch einiges nachholen. Dabei muss ich manches Wesentliche wiederholen, das in früheren Werken von mir schon beschrieben wurde – auch um dem Leser das Nachschlagen zu ersparen.

Je länger man übt, umso klarer erfährt man die Bewegungen des Bewusstseins während des Übens; sie werden durchsichtig für die tätige Aufmerksamkeit selbst. Erst werden die Bewegungen des Denkens sichtbar, dann die des Fühlens, zuletzt die Willenstätigkeiten, wobei alle drei immer vermischt und zusammen erscheinen; der Wille beispielsweise wirkt immer in den Übungen mit, nur hat eines von diesen dreien den Vorrang. Hell werden Fühlen und Wollen nur, wenn sie wenigstens beginnen erkennend zu werden, das heißt wenn sich das Denken in das Fühlen hinein oder das schon erkennende Fühlen in den Willen hinein auflöst.

Die Beschäftigung mit den Willensarten beim Menschen begann bei mir schon vor langem (davon zeugen der Aufsatz «Die Umkehr des Willens» aus dem Jahre 1986, *Goetheanum*, 09.02., s. Anhang 2, wie auch die Schrift «Die Schulung der Aufmerksamkeit» in dem Band *Die Freiheit erüben,* 1988). 1996 hat mein Freund Dr. Hartwig Volbehr die Frage gestellt, wie eigentlich die Ki-Übungen (beschrieben im Kapitel *Willensübungen,* Übung 36, S. 78 f.), die er schon seit längerem kannte, menschenkundlich verstanden werden können. Damit begann eine experimentierende und meditative Forschungsarbeit, deren Ergebnis zum großen Teil dieses Buch ist. Für den Impuls möchte ich Dr. Volbehr hiermit meinen sehr herzlichen Dank aussprechen, der auch für die seitdem entstandene Zusammenarbeit gilt.

Um zu der hellen, erkennenden Erfahrung des Willens zu gelangen, müssen die vorangehenden Stufen sehr intensiv durchlaufen werden. Wenn der Übende nicht das lebendige, reine, das heißt formfreie Denken, das sich in das schon vorbereitete Fühlen hineinzieht, erfährt, wird das Fühlen zwar als lichtvoll und beglückend, aber nicht erkennend erlebt. Ähnlich ist es auch im Verhältnis von Fühlen und Wollen.

Es war ein langer Weg, den sanften Willen in seiner Ursprünglichkeit zu erforschen, und das Ergebnis kann schon auf den Anfang des Erkenntnisweges hilfreich zurückwirken. Jegliche Übung ist eigentlich nur durch den sanften Willen ausführbar, und es ist gut, das zu wissen, auch wenn man diesen Willen am Anfang noch nicht voll einsetzen kann: Er glänzt im Laufe des Übungsweges auf.

Was man «Körpererfahrung» nennt, entpuppte sich als die Erfahrung, das Empfinden einer Empfindungshülle, die den Körper «umgibt» – man kann das Nicht-Räumliche kaum anders als durch räumliche Bilder darstellen. Zugleich erwies sich der Sinn von «Körperübungen» – zum Beispiel auf das Atmen zu achten – als das Herausfordern, Ins-Bewusstsein-Bringen des Subjekts, das die Übungen macht und sie beobachtet, erfährt und das in keinem Fall der Körper oder die Empfindung ist: Letztere sind Objekte, die das Subjekt erfährt. Den Dienst, auf das Subjekt hinzuweisen, könnte allerdings jedes Objekt tun; im Alltag jedoch werden die Objekte größtenteils ihrer Nützlichkeit nach gesehen, verstanden und gewertet, sodass das Subjekt «vergessen» wird, da es «unwichtig» ist. In den Übungen werden die Objekte ohne Bezug auf ihre Nützlichkeitsverwendung gewählt, sie erhalten die ursprüngliche Funktion aller Objekte, nämlich: auf das wahre Subjekt zu verweisen.

Der sanfte Wille ist frei von dem Mich-Fühlen, im Gegensatz zu den Tätigkeiten des harten Willens, der durch die Hülle der Egoität, meistens durch den Tastsinn, wirkt[1] und gerade dadurch in jedem Sinne an Effektivität verliert, abgedämpft ist.

Der erwünschte oder ideale Stil der alltäglichen Aktivitäten wird in den verhältnismäßig kurzen Zeitspannen des Übens vorbereitet. Gelangt man in den Übungen zu Erfahrungen, so werden sich die in den kurzen Übungszeiten erreichten Ergebnisse nach und nach auch auf den Alltag ausdehnen. Dieser wird heute in unserer Zivilisation durch das Prinzip der Nützlichkeit und damit durch den harten Willen der Egoität regiert. Dadurch ist die Welt schon an den Rand einer Katastrophe manövriert worden, was auch immer Technokraten darüber denken oder sagen mögen. Ich sehe nur dann eine Hoffnung, den Untergang zu vermeiden, wenn sich die Mentalität ändert, das heißt wenn wir den harten Willen in den sanften verwandeln. Das wäre die Metanoesis, das «Ändert den Sinn» Johannes des Täufers, die neue Sinngebung des menschlichen Daseins.

Praktische Hinweise für den Leser

Dieses Buch ist, wie schon manches vorangegangene, nicht leicht zu lesen; sein voller «Inhalt» entwickelt sich nur im Tun, durch das Tun des Lesers, durch dessen eigene Besinnung und Meditation. Im Text sind «Besinnungen» und «Besinnungen / Meditationen» zu finden. Erstere sind Gedanken, die man durch Denken vertieft, fortsetzt, weiterdenkt, zweitere sind Meditationstexte, die man auch besinnen kann und sollte, bevor man sie meditiert. Diese Prozesse sind im Kapitel «Meditation» (S. 88) und in mehreren meiner vorangegangenen Bücher beschrieben. Ihrer aller Ziel ist es, dem Lesenden dazu zu verhelfen, über das Alltagsdenken – Vergangenheitsdenken, dialektische Denken, diskursive Denken – hinaus für kurze Zeiten auf eine höhere Ebene des Denkens und der Erkenntnis zu gelangen. Alles Wissen davon, alles vermeintliche Verstehen geistiger Forschungsergebnisse durch das Alltagsdenken ist in meinen Augen eher Hindernis, Ballastanhäufung. Leider.

Budapest, September 1999   *Georg Kühlewind*

Erster Auftakt

Wir leben in einer Welt der Bedeutungen, während wir doch überzeugt sind, in einer Welt der Dinge zu leben. Aber jedes Ding hat Bedeutung – man sage mir ein Ding, das ohne Bedeutung wäre. Sobald wir es nennen können, ist es schon nicht mehr ohne Bedeutung. Zunächst erfassen wir die Bedeutung durch das Denken, wir versuchen es. Auch schaffen wir manchmal neue Bedeutungen. *Wir wissen aber nicht, wie wir denken.*
Nur das schon Gedachte wird uns bewusst.
Für das Kleinkind, für archaische Menschen, für einzelne engelartige Menschen,[2] wie den heiligen Thomas von Aquin, besteht die Wirklichkeit aus und in den Bedeutungen. Diese gehen in der menschlichen und nach der Tradition in der göttlichen Praxis den einzelnen Dingen voraus: Erst ist die Idee des Dinges da, dann das Ding, erst die Bedeutung, dann das Zeichen. Das gilt auch für die Gedanken, sofern sie im Zeichen erscheinen.

Die Bedeutungen sind stofflos. Die Zeichen bestehen aus konfigurierter Stofflichkeit, wie Luftwellen, Tinte, körperliche Gebärden. Daher geht Verstehen auch stofflos vor sich, stofflose Bedeutung kann nicht durch stoffliche Vorgänge «verstanden» werden. Auch der Verstehende in uns ist stofflos.

Stoffliche Zeichen werden zu stofflosen Bedeutungen gelesen. Denken, Gedanken, Denkender sind unstofflich.

Das erste Ziel wäre, das Denken zu erfahren. Denn das denkende Wesen selbst, durch das die Bedeutungen geschaffen, verstanden werden, bleibt zunächst verborgen.

Es ist an der Zeit, das Licht, das alles sichtbar macht, das Bedeutungslicht, das Licht des Wortes in Erfahrung zu bringen.

I.

Vom Gedanken zum Denken

Gedanken über das Denken

Wir wissen ebenso wenig, *wie* wir denken, wie wir beim Sprechen eine Bewusstheit über die Tätigkeit der Sprachorgane haben. Was uns bewusst wird, ist der fertig-gedachte Gedanke, das Wie seines Zustandekommens ist uns verborgen. Das kann zweierlei Gründe haben. Wir sind im Prozess des Denkens nicht bewusst – das wäre schon Grund genug, über sein Wie im Dunkeln zu bleiben. Der andere Grund könnte sein, dass wir im Denken so aufgehen, so identisch mit dem Prozess sind, dass keine beobachtende Instanz übrig bleibt.

Besinnung 1: Wir wachen im Bewusstsein auf, wenn das Denken schon vorbei und in Stillstand ist: im Gedachten.

Die Logik als Wissenschaft versucht die Gesetze, das Wie des Denkens zu formulieren – im Nachhinein. Wir denken schon logisch, ohne Logik studiert zu haben, so wie wir die Muttersprache auch ohne grammatische Kenntnisse richtig zu sprechen imstande sind. Außerdem, eben deshalb, bezieht sich die Logik auf die schon ohne sie erschienenen logischen Formen, Denkbewegungen, jedenfalls auf ein begriffliches Denken, ähnlich wie die Grammatik auf die schon gesprochene Sprache. Daher kann die Logik nie endgültig oder fertig sein: Denn der Mensch kann immer neue logische Wendungen hervorbringen.

Besinnung 2: Erst ist logisches Denken da, dann Logik als Lehre. Erst ist die Sprache da, dann ihre explizite Grammatik.

Dass es das Denken als Prozess gibt, ist eine Folgerung aus dem Umstand, dass das Gedachte zunimmt und wechselt. Das können wir einsehen, weil wir über die Fähigkeit des Reflektierens verfügen, nämlich unsere Aufmerksamkeit auf die Vergangenheit des Denkens – des Bewusstseins überhaupt – lenken können. Diese Fähigkeit ist uns ohne persönliche Arbeit, eigenes Bestreben oder Lernen gegeben. Wir schauen auf das Vergangene, schon erstarrte Denken aus der *Gegenwart*. Sie selbst erleben wir gewöhnlich nie, obwohl wir aus ihr auf die Vergangenheit und die Zukunft schauen. Indem wir auf diese schauen, heben wir sie in die Gegenwart – für einen homöopathisch kurzen Augenblick. Wir werden sie aber nur gewahr, wenn sie – auch die Bilder der Zukunft – wieder aus der Gegenwart, aus dem Denk- und Vorstellungsprozess ausgeschieden sind und als Gewordenes vor dem inneren Blick stehen, für eine Aufmerksamkeit, die aus der Gegenwart schaut.

Besinnung 3: Allein die Gegenwart ist Wirklichkeit.
(Auch als Meditationsthema geeignet.)

Geistesgegenwart ist ein kurzes Aufblitzen zweier Elemente: Geist und Gegenwärtigkeit oder Intuition und Gegenwärtigkeit, plötzlich und ohne Nachdenken. Man kann sich fragen: Was hindert daran, *immer* oder wenigstens nach Belieben geistesgegenwärtig zu sein? Dieses seltene Erlebnis können wir im Nachhinein reflektierend beobachten: Es «fällt uns etwas ein», zum Beispiel die einzige Lösung einer gefährlichen Situation, und es ist fühlbar, dass die Lösung «gekommen» ist, wir haben daran nicht gearbeitet, nicht darüber nachgedacht – dazu ist meistens auch keine Zeit. Warum passiert das nur in Gefahr oder in anderen extrem wichtigen Situationen? Die Beobachtung zeigt, dass wir im Augenblick der Gefahr völlig konzentriert sind, die Aufmerksamkeit ist ganz *in* der Situation. Wäre vielleicht wenigstens ein Teil des Hindernisses, stets geistesgegenwärtig zu sein, dass unsere Aufmerksamkeit im Alltag so zerstreut ist? Dass sich das Denken auf vorgefertigten Bahnen, in fertigen Begriffen bewegt und vermischt mit anderen seelischen Elementen, wie Wunsch, Vorurteil, Voreingenommenheit und Ähnlichem, arbeitet? Dann wären zur Eliminierung der Hindernisse zwei Schritte notwendig: die Erhöhung der *Konzentrationsfähigkeit* und die *Reinigung* des Denkens.

Besinnung / Meditation 4: Was heißt «dies» im Unterschied zu «das»?

Versuchen wir erst die Reinigung des Denkens – es wird sich zeigen, dass sie und die Konzentrierung auf dasselbe Ziel hinauslaufen. Durch das Denken über das Denken, so aufklärend es sein kann, bleiben wir auf einer Ebene mit dem Alltagsbewusstsein, wir vermehren lediglich die Objekte des Denkens, an seiner Qualität ändert sich nichts.

Eine Änderung kann nur durch *Üben* geschehen – auch jede Fähigkeit entsteht so.

Erster Übungskomplex:
Reinigung des Denk- und Vorstellungslebens

Die «Reinigung» war in jeder Tradition der erste Schritt zur Ausbildung gesteigerter Erkenntnisfähigkeiten. Da in unserer Zeit das Denken / Vorstellen die einzige autonome Seelenfähigkeit ist, beginnt der Schulungsweg mit der Reinigung dieser Funktionen.

1. Übung

Wir nehmen ein einfaches Thema zum Denken / Vorstellen, zum Beispiel, was wir morgen oder heute voraussichtlich noch tun werden; oder was wir gestern getan haben; oder was der nächste Schritt in der Erziehung unseres Kindes sein sollte oder der nächste Schritt in der Lösung eines Problems. Es soll kein attraktives, interessantes Thema sein.

Wir beginnen, uns darüber Gedanken, Vorstellungen zu machen, und versuchen, alle Assoziationen, die von der Linie oder vom Netzwerk des Themas wegführen, zu vermeiden. Man kann dies auch so ausdrücken: Wir versuchen, kontinuierlich zu denken – nicht schubweise mit Unterbrechungen – und stets beim Thema – zu bleiben. Wir versuchen, auch auf die begleitenden Gefühle zu achten, indem wir sie das Denken / Vorstellen nicht beeinflussen lassen; der Vorgang soll so objektiv wie möglich verlaufen. Die begleitenden Gefühlsnuancen sollen bemerkt werden, den Denkvorgang aber nicht beeinträchtigen. Diese Übung kann fünf bis zehn Minuten dauern.

Ist sie beendet, so schauen wir auf ihren Verlauf zurück, registrieren die Abstecher und Unterbrechungen, auch die dabei aufkommenden Gefühle, und machen uns deutlich, wann oder wo sie in der innerlich erlebten Geschichte aufgetreten sind.

2. Übung

Wir wiederholen die erste Übung, aber nun mit einem uns sehr interessierenden, attraktiven Thema. Später vergleichen wir die erste mit der zweiten Übung und registrieren die Unterschiede in der Anzahl und Intensität der Ablenkungen und in der Qualität und Intensität der Gefühle. Das Ziel ist, in beiden Übungen die Kontinuität des Vorgangs zu erreichen.

3. Übung

Der zweite Schritt in der Reinigung des Denkens besteht darin, dass wir übungsweise die Wahrnehmungselemente im Denken vermeiden. Denn in jeglicher Sinneswahrnehmung ist ein Element der Stofflichkeit, das für das Denken undurchdringlich ist: Wo das Denken / Vorstellen auf Stoffliches trifft, prallt es zurück. Das Stoffliche ist, abgesehen von seiner Qualität, undenkbar, das Denken berührt es nur wie von außen.[3]

Besinnung / Meditation 5: Das Stoffliche ist undenkbar.

Die Übung besteht darin, dass wir zum Denken ein Thema wählen, das keine Wahrnehmungselemente enthält. So zum Beispiel den Satz: «Wir wissen nicht, wie wir denken» aus dem Auftakt; oder eine von den ersten vier Besinnungen; oder eine philosophische, mathematische oder logische Wahrheit oder Gesetzmäßigkeit. Wir versuchen, diese «abstrakten» Sätze weiterzudenken, unter Vermeidung von Wahrnehmungsvorstellungen. Je konzentrierter (kontinuierlicher) wir das tun, umso durchsichtiger wird der Verlauf für das Denken. Nach dieser Übung vergleichen wir die Erfahrungen aus den ersten drei Übungen.

4. Übung

Wir versuchen, den Sinn von Konjunktionswörtern zu erfassen (zu verstehen), wie «ja», «nein», «aber», «oder», «doch», «jedoch», «und», «so», «wie», «als», «ob», «nur», «wenn», «sonst», «ohne» und so weiter. Es sind keine Definitionen oder Erklärungen durch andere Wörter – wie beispielsweise «ja» heißt Einwilligung – gewünscht, nur die innere Gebärde des Verstehens. Wörter wie diese enthalten keine Wahrnehmungselemente, sie sind wie Gelenke der Rede, lauter innere Gebärden. Es ist lehrreich, sie mit den entsprechenden Ausdrücken anderer Sprachen zu vergleichen («aber» – «but») und dabei auch auf die Unterschiede in der Bedeutung zu achten.

Besinnung 6: Die Bedeutungen aller dieser Wörter sind in der Wahrnehmungswelt nicht zu finden. Woher kommen sie, und was ist ihre Rolle?

5. Übung

Wir versuchen, den Sinn von Adjektiven, wie «gut», «schön», «groß», «klein», «lang», «langsam», «dunkel», «rund», «eckig», zu erfassen. Es ist einzusehen, dass diese Wörter sich zwar auf Wahrnehmungen beziehen können (was nicht unbedingt gilt, siehe «eine große Idee»), jedoch nicht aus der Wahrnehmungswelt stammen. Um etwas Viereckiges zu sehen, muss der Mensch die Begriffe «vier» und «eckig» schon gefasst haben. Die Zahlen sind vielleicht das beste Beispiel für das Verhältnis des denkerisch Erfassten zur Wahrnehmungswelt.

6. Übung

Wir versuchen, Sätze aus der dritten Übung mit anderen Worten auszudrücken. Dann übersetzen wir, wenn möglich, die Sätze in eine Fremdsprache. Wir können die Übung gleich mit dem vor-vorigen Satz «Wir versuchen, Sätze ...» oder mit dem vorliegen-den «Wir können die Übung ...» probieren.

Besinnung 7: Was übersetzen wir?

Gedanken über Sprache – Worte, Sätze, Begriffe, Gegenwart und Verstehen

Die Besinnung[7] kann uns zeigen, dass der Sinn des Satzes bei der Übersetzung – denn wir übersetzen den Sinn, nicht die Worte – wenigstens für Augenblicke ohne Worte und auch außerhalb einer Sprache – im Übergang – existieren kann. Das ist vielleicht nicht so überraschend, wenn wir die nächste Besinnung einbeziehen.

Besinnung 8: Wenn wir etwas in einen Satz fassen, laut oder nur innerlich, woher wissen wir, mit welchem Wort zu beginnen ist, welches das zweite, das dritte sein wird und was für eine grammatische Form die entsprechende ist?

Auch kann man gegebenenfalls entscheiden, in welcher Sprache *das* ausgedrückt werden soll. Nicht selten sind wir mit dem Ausdruck unzufrieden – was vergleichen wir dann mit dem Ausdruck? Wenn wir dieser Frage nachgehen, wird offensichtlich, dass der Sinn oder die Bedeutung des Satzes schon *da* sein muss, bevor ich die Sprache, die Worte, das heißt die Zeichen für die Bedeutung, wählen kann. Es ist auch bekannt, dass das Verstehen eines Textes über das Verstehen der Wörter hinausgeht; es kann vorkommen, dass wir alle Wörter eines Satzes verstehen, den Satz aber nicht, oder umgekehrt, wir verstehen einige Wörter im Satz nicht, und doch ist dieser verständlich und beleuchtet die nicht verstandenen Wörter – im Umgang mit Fremdsprachen passiert das oft. Der Sinn oder die Bedeutung ist wortlos, übersprachlich vor dem Erscheinen der Zeichenform da, und beim Verstehen gelangt der Verstehende wieder zur geistigen Form der Bedeutung. Auch wenn wir ein Wort übersetzen – oder in derselben Sprache durch ein anderes ersetzen –, ist klar, dass wir die Bedeutung vom Zeichen, von der Lautfigur trennen können, dass die Bedeutung unabhängig von der sinneswahrnehmbaren Erscheinung existiert.

Die nächste Stufe der Reinigung des Denkens wäre ein – kontinuierliches – Denken ohne Worte. Das und noch mehr geschieht in Augenblicken der Geistesgegenwart: Als ob das Denken mit unendlicher Geschwindigkeit verliefe, nicht Schritt um Schritt in der Zeit. Kontinuierlich und absichtlich ohne Worte zu denken ist den meisten Erwachsenen unserer Zeit ohne vorangehende Übung versagt. Übungen aber können dazu führen.

Besinnung / Meditation 9: Die Wörter kommen aus dem Wortlosen.

Hinter den Wörtern stehen Begrifflichkeiten, das heißt, ein Wort ist ein Zeichen für ein Verständnis, für ein Begreifen. Man kann auch Wörter benutzen, ohne sie wirklich, vollständig dem Wesen nach zu verstehen – und das geschieht nicht selten –, aber auch in dem Fall versteht man unter einem Wort *etwas*. Wenn wir solches Gefasel ausklammern, heißt in Worten zu denken in Begriffen zu denken. Die Begrifflichkeit der in der Sprache gegebenen Wörter – sofern sie nicht technisch-wissenschaftlich verwendet werden – ist keineswegs eindeutig, sie können sehr flexibel gebraucht werden, auch zur Bezeichnung neu entstandener Begriffe.[4] Der Mensch kann neue Begriffe finden und sie mit alten Wörter benennen. Das zeigt auch, dass Begriffe ohne Zeichen existieren können. Die ersten Begriffe werden dem Kleinkind durch die Muttersprache gegeben. Später löst sich das Denken von der Sprache los und kann dann zu neuen Begriffen gelangen. Aus alldem geht hervor, dass der Mensch wortlos, aber immerhin in Begriffen denken kann. Meistens denken wir – ob wortlos, ob nicht – in schon fertigen, hergebrachten, nicht neuen Begriffen. Daher wäre der nächste Schritt in der Reinigung des Denkens das nichtbegriffliche Denken.

   Der Erwachsene hat einen Begriffsschatz, dessen größter Teil überliefert, sprachgegeben ist. Diese Begriffe mussten ebenso im Laufe des Lebens erworben, das heißt verstanden werden, wie die – zumeist nicht zahlreichen – selbst gefundenen Begriffe. Das

Begreifen, die Bildung der Begriffe geschieht durch ein begriffsbildendes Denken, das nicht begrifflich verläuft. Im Kleinkindalter dominiert dieses Denken, damit begreift das Kind die dargebotenen Begriffe, indem das Verstehen, selbst kontinuierlicher Natur, zum Halt kommt. Wo der Vorgang zu einem (provisorischen) Stillstand kommt, entsteht ein Begriff, ein Verständnis. Bei dem Erwachsenen findet dieser Prozess durch hergebrachte Begriffe statt, zwischen welchen an einer Stelle – oder an mehreren Stellen – eine Lücke ist: Dort geschieht ein neues Verstehen, und es bildet sich ein neuer Begriff.

Ein Beispiel von Begriffsbildung: Wir zeigen einem Kind (drei- bis fünfjährig) kreisförmige, dreieckige, viereckige Gegenstände und auch andere, die keine bekannte, benannte Form haben, von verschiedener Größe, Stofflichkeit und Farbe. Solange das Kind die Begrifflichkeiten von Kreis, Dreieck, Viereck beziehungsweise die Farbbegriffe nicht gebildet hat, kann es die Gegenstände nicht nach Form oder Farbe sortieren. Die Begriffsbildung geschieht durch *selektierende* Aufmerksamkeit: Um den Begriff «Kreis» zu erfassen, muss man von allen anderen Eigenschaften des Dinges (Größe, Stofflichkeit, Gewicht, Farbe usw.) absehen und die Aufmerksamkeit nur auf *das,* nämlich auf die Form lenken. Ebenso, nämlich durch Einschränken der Aufmerksamkeit, geht die Begriffsbildung im Hinblick auf die Farbe vor sich: Nie tritt eine Farbe allein auf.

Begriffsbildung ist immer Einengung des Aufmerksamkeitsstrahls. Die Geschichte der Wörter in jeglicher Sprache zeigt, dass die Wörter früher umfangreichere Begriffe bezeichneten, und zwar ist der Begriff umso größer, je weiter wir bei der Untersuchung in die Vergangenheit zurückgehen.[5]

Besinnung 10: Ist das Schrumpfen der Begriffe irreversibel? Können die Begriffe auch inhaltlich wachsen?

Es wurde hier von einer Änderung im Begriffsleben gesprochen, nicht von der historisch viel leichter verfolgbaren Veränderung in der Bedeutung der Wörter, welche nur teilweise mit dem Schrumpfen und zugleich Schärferwerden der Begriffe identisch ist.[6]

Wir betrachten das Phänomen des Verstehens noch einmal. Es hat zwei auffällige Züge: Es geschieht blitzschnell, und es kann nicht wiederholt werden, das heißt, wir können nicht dasselbe zweimal verstehen – entweder muss das erste Verstehen in Vergessenheit geraten, oder wir verstehen beim zweiten Mal etwas Neues oder Anderes. Die Schnelligkeit beruht auf der Unmittelbarkeit und Unvermitteltheit – das Verstehen kann lange vorbereitet werden, es kann auch schrittweise geschehen, aber der Akt ist – bei jedem Schritt – letztlich augenblicklich, wie ein Finden. Man kann lange suchen, nicht aber lange finden. Das Verstehen ist unanalysierbar, da es jeglichem Analysieren zugrunde liegt, auch jeglichem Denken. Das eigentliche, *reinste* Denken ist das Verstehen. Gewöhnlich kurz – auch das bewirkt, dass wir nicht kontinuierlich denken –, begleitet von einem nicht alltäglichen Gefühl, etwa des Glücks oder der Befriedigung: ein sprungartiges Geschehen.

Besinnung / Meditation 11: Im Verstehen berühren wir unseren Himmel.

Was beim Verstehen – außer der Vorahnung, dem Vorgefühl – bewusst wird, ist das Ergebnis, das Verstandene. Ganz bewusst wird es durch den Wortausdruck, und dieser kommt manchmal gar nicht schnell zustande. Es braucht mehr oder weniger Zeit, bis aus dem Blitz das Verstandene hervorgeht, dann ist es schon Vergangenheit. Offensichtlich spielt sich das Verstehen in der Gegenwärtigkeit ab. «Gegenwärtig» bedeutet zweierlei: einerseits, dass das Verstehen weder in der Vergangenheit noch in der Zukunft geschieht, andererseits, dass wir im Akt gegenwärtig sind. Das wissen wir dadurch, dass es eine wenn auch noch so flüchtige Erfahrung ist, von der wir im Nachhinein, ohne darüber nachzudenken, wissen, es ist unsere Erfahrung. Es kann ein feiner Unterschied wahrgenommen werden zwischen der Erfahrung eines Verstehens und beispielsweise der Erfahrung einer Information, bei der kein erstes, intuitives Verstehen stattfindet, wie: «Morgen wird es wahrscheinlich regnen.»

Besinnung 12: Versuchen wir, den zuletzt genannten Unterschied zu beschreiben.

Dass wir die Gegenwart als solche nicht erfahren, hat mit beiden genannten Zügen des Verstehens zu tun: dass es blitzartig vorbei ist und dass wir in dem Blitz drinnen sind, identisch mit ihm, während unsere gewöhnlichen Erfahrungen sich immer dualistisch, im Intervall Subjekt-Objekt abspielen – wenigstens scheint es so. Es könnte auch sein, dass wir für einen gleich kurzen Augenblick wie beim Verstehen auch in jeder Erfahrung mit dem, was ein wenig später das Erfahrene wird, identisch sind. Über diese Frage aber kann nur der Versuch, die eventuelle Erfahrung der Identität und der Gegenwärtigkeit entscheiden. Die Zielsetzung ist ja, vom Gedanken zum Denken zu gelangen oder von der Vorstellung zum Vorstellen. Es ist ersichtlich, dass das reinste Denken das Verstehen ist. Das können wir aber mit unserem gewöhnlichen Willen nicht wollen, wir müssen es geschehen lassen, einfallen lassen – wie machen wir das? Das Ziel wäre, den Augenblick der Geistesgegenwärtigkeit oder des Verstehens zu «verlängern» und *dabei* die Erfahrung zu haben – nicht nachträglich.

Besinnung 13: Wie sind Geistesgegenwart und Verstehen verwandt?

Theoretisch ist das reine, reinste Denken ein fortlaufendes ununterbrochenes Verstehen, wortlos, jenseits der Sprachen, jenseits der Begriffe: ein geniales Denken. Wir können es willentlich nicht hervorbringen und sind froh, wenn wir es ab und zu erleben. Was man in den kurzen Geschehnissen der Geistesgegenwart und des Verstehens bemerken kann, ist die völlige, alles andere ausschließende Konzentriertheit und zugleich Selbstvergessenheit. Wäre die Übung dieser Elemente ein Weg zum gesteckten Ziel?

Wege zur Erfahrung der Gegenwärtigkeit

Wann sind wir, abgesehen von den seltenen Augenblicken der Geistesgegenwärtigkeit, konzentriert und selbstvergessen? Wenn es sein muss, wenn es einen Zweck hat, wenn wir ein Problem lösen wollen oder wenn etwas sehr anziehend ist, ästhetisch oder in anderer Hinsicht. Es sind äußere Anlässe, die im Kontext unseres Lebens auf uns solche Wirkung ausüben und unseren Willen motivieren. Wie wäre es, was könnte man erreichen, wenn wir die Konzentriertheit von uns aus, ohne äußere Gründe, Anlässe, das heißt aus Freiheit herstellen könnten? Dann wäre es *gänzlich unser* Tun, und da es nicht auf einen Zweck hinausliefe, könnte der Aufmerksamkeitswille, da er kein anderes Ziel hätte, mehr über sich selbst erfahren.

«Von uns aus» bedeutet zugleich, dass das Thema der Aufmerksamkeit nicht durch andere Vorgänge gegeben werden sollte, keine Wahrnehmung wäre, sondern eine Vorstellung oder ein Gedanke, die nicht von außen gegeben werden können, die durch die Aufmerksamkeit selbst als Erinnerung oder als Fantasie oder als Denken hervorgebracht werden müssen. Dann konzentriert sich die Aufmerksamkeit auf ein eigenes Erzeugnis. Wir nennen das «aktive Aufmerksamkeit». Man kann darin die Möglichkeit ahnen, dass bei diesem Vorgehen die Aufmerksamkeit sich begegnen, das heißt erfahren kann in ihrem Tun, bevor sie ein Objekt hat, ein

Bild, ein Gedanke, ein Ding geworden ist. Das Thema soll weder anziehend noch abstoßend sein. Ist es anziehend, dann bedarf es keiner inneren Kraftübung, um bei dem Thema zu bleiben. Es soll auch für den Übenden verständlich, das heißt begrifflich durchsichtig sein. Dieses Kriterium wird nur von menschengeschaffenen Gegenständen erfüllt. Wie man mit Gedanken und Symbolbildern vorgeht, wird im Kapitel «Meditation» behandelt.

7. Übung

Wir wählen einen einfachen, uns geläufigen Gegenstand (Knopf, Nadel, Löffel, Bleistift, Ring oder Ähnliches), schauen ihn, wenn nötig, sorgfältig an, dann legen wir ihn weg oder schließen die Augen und versuchen uns den Gegenstand vorzustellen, wie eine Erinnerung. Das wird uns umso besser gelingen, je mehr wir das Bild «kommen lassen», wie wir es beim Erinnern tun. Als ob wir innerlich fragten: Wie sieht der Gegenstand aus? Erst lassen wir das Bild kurz auftauchen; beim zweiten oder dritten Mal versuchen wir es zu halten. Wir basteln oder arbeiten ja nicht am Bild des vergangenen Nachmittags, wenn wir es in Erinnerung «rufen». Wir begleiten das Bild des Gegenstandes mit Gedanken, beschreiben seine Gestalt, seine Eigenschaften, die Stofflichkeit und so weiter; dann versuchen wir, ihn uns in Funktion vorzustellen (den Löffel löffelnd) und zuletzt, wenn die vorangehenden «Stufen» – sie gehen kontinuierlich ineinander über – gut, ohne Ablenkungen ausgeübt werden, versuchen wir, uns auf die Idee des Gegenstandes, auf das, was der Erfinder vor seinem inneren Auge hat, zu konzentrieren: auf die Funktion, noch ohne den materialisierten Gegenstand.[7] Die Dauer dieser Übung sollte, wenn die anfänglichen Schwierigkeiten überwunden sind, etwa drei bis fünf Minuten sein.

Folgende Erfahrungen können, auch allein mit dem Vorstellungsbild, gemacht werden. Die erste Erfahrung ist, dass es nicht ausreicht, das Bild *einmal* erscheinen zu lassen, wenn wir es länger halten wollen, denn es verschwindet leicht sofort und andere assoziierte Inhalte nehmen das Bewusstsein in Anspruch. Wenn wir das Bild halten wollen, muss es ständig produziert werden, das heißt, es muss durch einen Aufmerksamkeits*strom* andauernd «genährt» werden. Das «Kommen-Lassen» bedeutet in diesem Fall ein andauerndes Entstehen-Lassen durch einen sanften, leichten, spielenden, nicht krampfhaften oder kämpfenden, «hart wollenden» Aufmerksamkeitsstrom. Dieser fließt in das Bild hinein, das dadurch entsteht und bleibt. Zunächst begnügen wir uns mit dem Bild, das wir einige Minuten lang zu halten imstande sind. Wir schauen nach jeder Übung auf deren Ablauf zurück.

Es kann uns dabei auffallen, dass im Bewusstsein nur das Bild erscheint – von Ablenkungen abgesehen –, nicht aber der Aufmerksamkeitsstrom.

Besprechung der 7. Übung
Wir können den Vorgang des Konzentrierens auf ein Vorstellungsbild schematisch darstellen:

Wir lenken die Aufmerksamkeit durchaus bewusst auf das Bild, die Bewegung aber, das Strömen in das Bild hinein bleibt außerhalb der Erfahrung: Wir erleben nicht, wie das Bild zustande kommt, nur die Schwierigkeit, es zu halten.

Wächst jedoch die Intensität des Aufmerksamkeitsstromes, so

beginnen Veränderungen sowohl am Bild als auch im Tun, im Hervorbringen und Halten des Bildes. Das Bild wird lebendiger, kraftvoller, das Tun wird mehr und mehr als *wirklich* gefühlt, man hat den Eindruck, etwas zu tun – am Anfang des Übens tritt das nicht auf.

Wenn wir diese Veränderungen im Üben festigen können, das heißt wenn sie regelmäßig bei jeder Übung bemerkbar sind, dann können wir einen weiteren Schritt tun. Wir schauen den Gegenstand nochmals an, diesmal mit einem *globalen* Blick, so wie wir ein menschliches Antlitz anschauen, ohne auf Einzelheiten (Form der Nase, des Kinnes usw.) einzugehen: Meistens können wir ja nicht über die einzelnen Züge Rechenschaft geben. Das hindert uns nicht, das Gesicht wiederzuerkennen, es uns auch vorstellen zu können, weil wir eben einen globalen, mehr fühlenden Eindruck von ihm haben. Wir schauen den Gegenstand mit einem solchen Blick an. Das führt meistens zu einem noch lebendigeren Bild, und wir können merken, dass die Aufmerksamkeitsbewegung eine leise Gefühlsfarbe bekommt.

8. Übung

Wächst nun die Aufmerksamkeitskraft weiter, so können wir weitere Veränderungen im Üben erleben. Das Bild wird immer leuchtender – umso mehr, als wir es geschehen *lassen* –, wird größer und kommt uns näher. Das sind Ausdrucksformen, die nicht *genau* das Erlebnis wiedergeben, sie deuten nur eine Richtung an, in welche sich die Veränderung bewegt. Der Übende wird diese Beschreibungsversuche in der Erfahrung wiedererkennen, zurechtrücken, wird dann wissen, was mit ihnen gemeint ist. Man hat die Empfindung, das Bild und der Übende rücken einander immer näher, bis sie dann zur völligen Deckung kommen, das heißt, man erlebt sich mit dem Bild *identisch*. Das Bild ist bei diesem Erlebnis keineswegs mehr statisch: Was man als Identität erlebt, ist nicht ein

Löffel, sondern ein Löff*eln,* nicht eine Tasse, sondern ein «Tassen», ein Verb, ein Funktionieren. Zunächst kann das als befremdend empfunden werden; setzt man den Übungsweg fort, so wird immer klarer, was man als Identität erlebt. Bei diesem Grad der Konzentriertheit verliert man die Worte und Begriffe, lässt sie wegfallen, es bleibt ein reines «Das», eine Bewegung, die zum Begriff führen könnte, und mit dieser Bewegung der denkenden-vorstellenden Aufmerksamkeit fühlt man sich identisch, mit der Entstehungsidee, dem Wesen des Gegenstandes: Man wird zu seinem schöpferischen Verstehen. Wir sind beim reinen Denken / Vorstellen angelangt.

Besprechung der 8. Übung
Die geschilderte Erfahrung hat eine Ähnlichkeit mit Erlebnissen im Theater oder Konzert, wo wir selbstvergessen das Geschehen auf der Bühne oder der Musik mitmachen, bis zum Gerührt-werden von der Fiktion – ist sie eine Fiktion? –, nur dass bei der Übung die ästhetische Anziehung, das von außen Gebotene fehlt, *wir* tun alles. Gerade das ist die Stärke der Übung und führt zum nächsten Schritt, der beim ästhetischen Erleben kaum vorkommen kann. Im Hintergrund des Identitätserlebnisses steht nämlich die Tatsache, dass die Aufmerksamkeit unser seelisch-geistiges Wesen ist.[8] Gerade deshalb erleben wir sie für gewöhnlich nicht, wir sind identisch mit ihr. Es wird uns nur bewusst, wo die Aufmerksamkeit zu einer Form wird, ihr jeweiliges Objekt. Wird die Aufmerksamkeit ungewöhnlich intensiv, so tritt die Identität mit dem Objekt bewusst auf. Ganz besonders, wenn das Objekt selbst schon aus der Aufmerksamkeit besteht, wie beim Bild oder Gedanken – «aktive Aufmerksamkeit» –, und von außen nichts gegeben ist.

9. Übung

Die Aufmerksamkeit kann an Intensität grenzenlos zunehmen. Wächst sie über das Identitätserlebnis hinaus, tritt wieder eine Veränderung im Erleben auf. Wir werden jetzt die Aufmerksamkeitsbewegung in das «Bild» hinein, erleben das aber noch *vor* dem «Bild» – wo es noch nicht «gebildet» ist –, das nun, wie oben beschrieben, das lebendige Zeichen einer lebendigen Bedeutung – Entstehungsidee genannt – ist, ein Zeichen, ungetrennt von seiner Bedeutung. Das kommt sonst nur beim Kleinkind während des Spracherwerbs und im archaischen Bewusstsein vor, wo Denken und Sprechen ungetrennt identisch sind. *«Vor* dem Bild» bedeutet weder räumliches noch zeitliches Vorangehen, der ganze Vorgang spielt sich in der Gegenwärtigkeit ab; trotzdem wird die sich zum Bild hin bewegende Aufmerksamkeit noch im formfreien Zustand erlebt; das heißt, sie erlebt sich selbst, wird dadurch zum Selbst, zum selbstbewussten Ich. Dieses Erlebnis kann auch «Ich-bin» genannt werden.

Hier wird das Denken / Vorstellen in seinem reinsten, begriffslosen, bildlosen (*vor* dem Bild), begriffsbildenden, formbildenden Bewegen erlebt. Das war das Hauptziel der Übungsreihe. Zugleich und untrennbar davon gelangt der Übende, wenigstens für einen Augenblick, zum Ich-bin-Erleben, zur ersten möglichen rein geistigen Erfahrung, die wie ein Verstehen aufblitzt. Nur durch die Erfahrung der eigenen Gegenwärtigkeit kann Gegenwart – das ewige Jetzt – und die Gegenwärtigkeit von allen anderen Wesen erfahren werden. Sonst wäre niemand da, der sie erfahren könnte. Unsere schematische Darstellung nimmt damit folgende Form an:

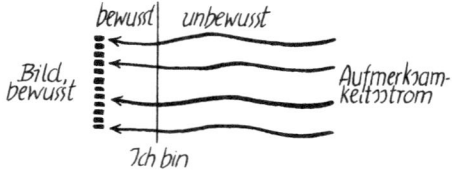

30

Diese Erfahrung ist gleichbedeutend mit dem Entstehen der «wahren Zeugenschaft» – so wird es im Neuen Testament genannt,[9] der menschlichen Wesenheit, die nicht automatisch mit den Seelenfunktionen, mit dem Denken, mit Emotionen, Willensimpulsen vermischt ist, sondern auf diese – wenigstens auf das Denken – schauen, sie gebrauchen kann. Dieses Ich-bin oder Selbst ist die Erfahrung des eigenen geistigen Seins, deshalb auch unabhängig von Erfolg, Misserfolg, Anerkennung, Zurückweisung, der Meinung anderer Menschen, auch gefeit vor überflutenden Emotionen. Anstatt derer beginnt das erkennende Fühlen aufzuwachen und eine wachsende Rolle im Leben zu spielen. Das Aufblitzen dieser Wesenheit – die richtige Selbst-Erkenntnis – wird in der Anthroposophie Selbstbewusstseinsseele, wenn sie Dauer hat, Geistselbst genannt.

Durch die Denk- und Vorstellungsübungen erreichen wir zwei Veränderungen. Die eine betrifft unser Innenleben: In der Erfahrung «es denkt» wird nicht nur ein Ich-bin oder Selbst erzogen, das nicht mehr mit dem Denken / Vorstellen vermischt ist, sondern das diese nicht ihm gehörende Denkkraft lenken kann. Der Zeuge nimmt sie in seine Verwaltung.

Andererseits erhalten die Themen, sofern sie einfache menschengeschaffene Nützlichkeitsdinge sind, dadurch, dass sie nicht ihrem Zweck gemäß, sondern als Übungsthemen verwendet werden, Bedeutung und Sinn. Man kann sagen, es wird ihnen eine neue Würde zugesprochen, eine neue Sakralität, indem sie das Denken des Übenden durch die Bahnen ihrer Funktion, ihrer Erfindungsidee führen und dadurch in das sinnschaffende Tun der Übung selbst assimiliert werden.

Auch das Weltbild verändert sich dramatisch mit dieser Erfahrung: Alles in der Welt wird als ein *Werden,* als Vorgang oder Geschehen erlebt, nichts mehr als ein statisches «ist». Das ist die Welt des Kleinkindes in einem schwer bestimmbaren Alter und auch die der archaischen Kulturen, in denen die Menschen auch alles als Geschehen erfahren haben, sei es ein Fels oder ein Berg.

Erst jetzt weiß der Mensch aus Erfahrung, was das heißt, «es denkt in mir», was ja auch das Geheimnis des guten gewöhnlichen Denkens ist, wir lassen es geschehen und beschränken uns auf die richtunggebenden, sanften Lenk-Gebärden, wie ein Schäfer, der die rechts und links abschweifenden Schafe in Richtung der Herde zurücklenkt. Wenn ich erfahre, «es denkt», bin ich ein gegenwärtiger Zeuge, nicht vermischt mit der Seelenfunktion des Denkens, ein geistiges Wesen.

Eigentlich geschieht durch die geschilderte Übungsfolge eine Ausweitung des Reflektierens: Das gegebene Reflektieren kann sich lediglich auf die Vergangenheit des Denkens / Vorstellens richten, nun gewinnt man das Erfahren der Gegenwärtigkeit auch dazu.

Durch diese Grunderfahrung nähert sich das Bewusstsein der sonst überbewussten, das Denken orientierenden, es im Rahmen der Logizität haltenden Kraft an, die ein Fühlen kognitiver Art ist, das Fühlen der Logizität, der Evidenz, des Verstehens oder Nichtverstehens – der Weg zum erkennenden Fühlen hat hier seinen Anfang. Es kann dem Übenden auch ahnungsweise aufdämmern, dass hinter dem Denken-Lassen ein überbewusster Denkwille, ein Wille, der nicht im Voraus weiß, was er will, ein improvisierender Wille verborgen ist.

Besinnung / Meditation 14: Der wahre Zeuge zeugt nicht im Nachhinein.

Zweiter Auftakt

Wir wissen nicht, wie wir denken, weil wir gewöhnlich das Fühlen, welches das Denken lenkt, nicht erfahren.

Wir fühlen dieses Fühlen nur in seiner Wirkung, nicht von innen her, nur seine Außenseite. Das Fühlen, welches das Denken leitet und im Wahrnehmen verborgen wirkt, bleibt hinter den Wolken des inneren Himmels.

Wird das erkennende Fühlen nicht gebraucht, nicht bewusst verwendet, gerät es größtenteils in nicht erkennende Formen ohne Bedeutung. Die erste dieser Formen ist das Mich-Fühlen. Auf diesem lagern sich weitere Gewohnheitsformen an, die zunächst irreversibel sind und unterbewusst, weil das wahre Ich sich nicht in sie hineinbegibt.

Geformte Gefühle, das heißt Emotionen, verhindern das Erkennen, auch im Fühlen. Diese Formen haben keine Bedeutung, sie teilen nichts mit, sind keine Botschaften. Sie können im Laufe der Übungen oder – selten – im Laufe des Lebens aufgelöst, zur formfreien Fähigkeit des Fühlens werden. So beginnen wir das Fühlen von innen her, im fühlenden Verstehen zu erleben. Ein Gefühl – keine Emotion – ist ebenso verständlich für das Fühlen wie ein Gedanke für das Denken. Nur ist das Verstehen im Fühlen eine Erfahrung, während einen Gedanken zu verstehen nur dann zur Erfahrung wird, wenn man die Worte auflöst, durch sie hindurchdringt und auf diese Weise erlebt, was sie verdecken, indem sie auf die Erfahrung nur hinweisen. Man müsste durch sie hindurch, sie auflösen können. *Sie lösen sich im Fühlen auf.*

II.
Vom Denken zum Fühlen

Gedanken und Gefühle, Denken und Fühlen

Die Denkübungen sind möglich, weil das Denken / Vorstellen autonom ist. Wir können denken, was wir denken / vorstellen wollen, wenigstens eine Zeit lang, solange Assoziationen diese Autonomie nicht beeinträchtigen und das Bewusstsein von seinem Vorsatz abschweifen lassen. Was als Reinigung des Denkens oder seine Konzentrierung beschrieben worden ist, kann durchaus als ein Streben zur Kontinuität aufgefasst werden. Die Kontinuität des Denkens wird durch auftauchende Elemente unterbrochen, die keine Denkelemente, sondern Assoziationen sind, dann auch durch Wahrnehmungselemente, die für das Denken nicht «lesbar», nicht durchsichtig sind, dann durch Wörter und Begriffe als Haltestellen des kontinuierlichen Verstehens. Durch die stufenweise Eliminierung dieser Elemente im Konzentrieren sind wir zum reinen Denken, zur begriffsbildenden Denkbewegung gelangt, die wir im Fließen zu halten bestrebt sind.

Wenn wir diese Prozesse mit dem Fühlen vergleichen, so ist der erste Unterschied, dass wir im Fühlen keine Autonomie haben, wir können nicht beliebig fühlen, was wir wollen, wir können aus der Palette der Gefühle nicht eines dazu erwählen, dass es das Bewusstsein erfülle, wie es in der Konzentrationsübung mit einem Bild oder Gedanken geschieht. Wenn wir etwas fühlen, so lösen fast immer äußere Anlässe, auch Vorstellungen oder körperliche Vorgänge, das Fühlen aus. Wir können im Fühlen kein Neues erzeugen, während dies auf dem Gebiet des Denkens möglich ist.

Das Ziel der Übungen im Fühlen ist, ein erkennendes Fühlen zu entwickeln. Gewöhnlich verstehen wir unter «Fühlen» Emotionen, nicht-erkennende Gefühlswallungen, wie Ärger, Neid, Eifersucht, Depression und Ähnliches, die uns überwältigen. Das heißt, wir können ihre Erscheinung zum Teil in unserem Verhalten regeln, nicht aber über ihre An- oder Abwesenheit bestimmen. Nur am Rande des Gefühlslebens tauchen erkennende Gefühle auf, in Bezug auf künstlerische Erlebnisse oder im günstigen Falle im Beruf, etwa bei Therapeuten oder Pädagogen.

Wir haben hinter dem Denken als orientierende Kraft das Fühlen der Logizität entdeckt. Wenn erkennendes Fühlen erübt werden will, kann man das reine Denken nicht überspringen: Das erkennende Fühlen kann nur von dieser Seite her bewusst entwickelt werden. Dies bezieht sich nicht auf das ästhetische Fühlen, damit hat es eine andere Bewandtnis, auf die wir noch zurückkommen werden.

Der Ursprung des Denkens liegt im erkennenden Fühlen, das kann man anhand des Evidenz- und Logizitätsfühlens ahnen; die Beobachtung des Kleinkindes und das Studium archaischer Kulturen bestätigen es. Das Kleinkind erhält durch erkennendes Fühlen die Bedeutung der ersten einigen hundert Wörter und der grammatischen Formen.[10] Die technischen, medizinischen, baulichen Leistungen der archaischen Völker, die ohne eine analytische, auf das Denken gegründete Wissenschaft zustande kamen, zeugen von einer verlorenen Fähigkeit, mit den Gegebenheiten der Natur erfolgreich umzugehen.

Je kontinuierlicher das Denken wird, umso mehr geht es in das erkennende Fühlen über, aus dem es stammt, löst sich im Fühlen auf, wird «global» – erinnern wir uns an den globalen Blick auf ein Gesicht –, wird weniger scharf und analytisch, aber umso umfassender. Der Weg zum erkennenden Fühlen führt durch das konzentrierte reine Denken. Das ist das ursprüngliche Fühlen, sowohl beim einzelnen Menschen als auch bewusstseinsgeschichtlich.

Es entsteht die Frage: Wann ist dieses Fühlen verloren gegangen, wohin ist es entschwunden? Die Antwort kann wiederum beim Kleinkind und auch kulturgeschichtlich beobachtet werden:

Wenn das Kind oder die Menschen in einer Kultur beginnen, in der ersten Person (ich, mich, mein) über ihren Körper, mit dem sie sich identifiziert haben, zu sprechen, tritt ein neues Fühlen auf, das nicht-erkennend ist, das Mich-Fühlen. Das Verwenden der Pronomina der ersten Person ist das Zeichen dieser Identifizierung und der Ausbildung des Mich-Fühlens. Letzteres bedeckt wie ein Gefühls-Mantel den Körper, ohne ihn zu erkennen.[11] Mit dem Mich-Fühlen beginnt die Verwandlung des erkennenden Fühlens zum nicht-erkennenden, und daraus resultiert, was wir Emotionen – Gefühlsformen nicht-erkennenden Charakters – nennen. Der Übungsweg im Hinblick auf das Fühlen besteht darin, dass wir die fühlenden Kräfte, die in den Emotionen gefangen und geformt sind, zu befreien versuchen, das heißt sie wieder formfrei und damit erkenntnisfähig machen.

Besinnung 15: Nur formfreie Kräfte können Formen erkennen oder auch solche schaffen.

Die Emotionen verlaufen in einer Polarität: Gut – schlecht, das heißt für-mich-gut, für-mich-schlecht, sie sind egoistisch gefärbt, erhöhen das Mich-Fühlen, auch wenn sie unerwünscht zu sein scheinen, wie Ärger, Hass oder Traurigkeit. Man genießt sie auf eine gewisse Weise, sonst würde man sie nicht übertreiben und sich nicht in sie hineinsteigern.[12] Die erkennend fühlenden Kräfte sind ihrem Wesen nach so objektiv wie das Denken, das im Prinzip jenseits vom Für-mich-Guten oder -Schlechten lebt; die Wahrheit ist wunsch-neutral.

Besinnung 16: Suchen wir eine Gefühlserfahrung, die nicht zu einem Pol der Polarität gehört.

Die erkennenden Gefühlserlebnisse zu benennen ist fast unmöglich – Dichter streben das auf unterschiedlichen Wegen an –, es gibt keine eingebürgerten Namen für sie. Auch die Emotionen werden nur sehr pauschal benannt, denn es gibt zum Beispiel ebenso viele Schattierungen von Ärger, wie es unter den Bäumen, die als «Buche» bezeichnet werden, unzählige unterschiedliche Individuen gibt. Wir sind nicht gewöhnt, die Nuancen der Emotionen zu unterscheiden. Die Übungen werden aus diesen Gründen vorwiegend wortlos geschehen müssen. Und doch werden sie anfangs eben an Unterschiedlichem ausgeübt.

Was auf dem Gebiet des Denkens «Begriff» oder «Idee» heißt, kann im Bereich des Fühlens «Gefühlsform» oder «Gefühlsidee» genannt werden, analog zu den Ausdrücken «musikalische Idee» oder «malerische Idee».

Übungen zum erkennenden Fühlen

10. Übung

Wir rufen uns Emotionen gleichen Namens in Erinnerung, die wir erlebt haben, beispielsweise verschiedene Ärgernisse oder Personen, auf die wir ärgerlich waren, und versuchen, die Unterschiede zwischen den Fällen zu *empfinden;* Unterschiede nicht nur in der Stärke, sondern hauptsächlich in der Qualität. Unser Ärger hat ja in den verschiedenen Fällen nicht denselben Stil, nicht dieselbe Färbung. Es kommt nicht darauf an, wie wir die Unterschiede benennen, wir können sie mit dem Namen der Person oder des Ortes oder des Zeitpunktes bezeichnen oder ihnen einen beliebigen Namen geben. Als Nächstes greifen wir eine andere Art von Emotion aus der Erinnerung auf, beispielsweise Eifersucht, vergleichen zwei oder drei solcher Erlebnisse in ihrem «Geschmack» und kehren dann zu der ersten Art – Ärger – zurück. Anschließend beschäftigen wir uns wieder mit der zweiten Sorte von Emotionen – Eifersucht – und so fort, immer abwechselnd. Beim ersten Rückkehren werden die Qualitätsunterschiede mit ziemlicher Sicherheit klarer, plastischer sein, und es kann vorkommen, dass sie bei den weiteren Wiederholungen an Schärfe noch zunehmen. Wir machen diese Übung so lange hintereinander, bis sich die Qualitätserlebnisse nicht mehr ändern. An den nächsten Tagen versuchen wir es wieder. Die Differenzierung wird wachsen.

11. Übung

Wir versuchen, die Unterschiede zwischen zwei erkennenden Gefühlserlebnissen zu erfahren. Es können ästhetische Gefühle sein; wir können zwei Gedichte, zwei Romane, zwei Musikstücke, Bilder oder Ähnliches als Themen wählen. Wir können zwei Stile in der Literatur, Musik usw. vergleichen; auch zwei Wahrheiten, die wir als Wahrheiten *empfinden*. Wir tun das auf dieselbe Weise wie in der 10. Übung.

12. Übung

Mathematisch, naturwissenschaftlich oder auf Logik hin Orientierten ist das «also»-Gefühl bekannt. Ein Beweis oder ein Syllogismus verläuft durch so genannte akzeptierte oder leicht akzeptable Prämissen, wie zum Beispiel A ~ B; B ~ C, *also* (es folgt) A ~ C (nicht unbedingt). «Also» ist ein Gefühl der Evidenz. Man kann sich übungsweise durch verschiedene Beweisführungen hindurchbewegen und dieses Gefühl einzeln, dann im Vergleichen auskosten.

13. Übung

Wir nehmen ein Gefühlserlebnis aus der 10. Übung, also eine Emotion, und vergleichen es mit einem erkennenden Fühlen aus der 11. oder 12. Übung. Dieser Unterschied ist an Qualität größer als in den beiden vorangehenden Übungen, doch zur richtigen Erfahrung sind diese notwendig.

Zwischenbemerkung

Bei diesen Übungen verwenden wir den sanften Willen: Wir lassen die Erinnerung an die Emotionen und erkennenden Gefühlserlebnisse kommen, und je gelassener wir das tun und je öfter wir sie wiederholen, wiederkommen lassen, umso lebendiger werden sie. Wir bereiten dieses Wiederkommen durch die Vorstellungsbilder vor, Erinnerungsbilder bei dem Entstehen der Emotionen. Je lebendiger die Bilder sind, umso lebenswärmer werden die Gefühlserlebnisse auftauchen.

14. Übung

Wir nehmen wieder aus der Vergangenheit eine emotionale Szene und versuchen, die Stärke der damals erlebten Gefühle abzuschätzen und sie zugleich wieder qualitativ zu empfinden, das heißt beispielsweise den *spezifischen* Ärger in der einstigen Situation. Wenn wir dieses Qualitative gefunden haben, versuchen wir *gefühlsmäßig* zu ermitteln, ob unser damaliges inneres und äußeres Verhalten der Situation angemessen, adäquat war. Ist es nicht vielleicht übertrieben gewesen, haben wir uns – aus versteckten Gründen – nicht «ein wenig» hineingesteigert? Meistens finden wir im Nachhinein, dass unsere Aufregung das Maß der Entsprechung übertroffen hat.

Besinnung 17: Was ist das entsprechende Maß in einer Aufregung?

Man kann in dieser Besinnung zu überraschenden Ergebnissen gelangen.

15. Übung

Man kann versuchen, die Aufregung bei der Erinnerung einer Emotion zu reduzieren. Man merkt auch, dass die Aufregung selbst, auch wenn ihre Ursache gar nicht persönlich ist – «es geschah nicht mit mir» –, eine Komponente des Mich-Fühlens, der Egoität in sich trägt und dass das Übermäßige durch diese Komponente zustande gekommen ist. Sind diesen Übungen die Denk- und Vorstellungsübungen vorangegangen oder laufen sie parallel mit den Gefühlsübungen, so hilft die wachsende Nähe der Selbst-Erfahrung – oder sie selber –, die Gefühlswallungen zu beschwichtigen.

Wir wiederholen die Emotionsverminderung in verschiedenen Erinnerungen, und meistens bleibt von der Aufregung kaum etwas übrig, das sich nicht mehr weiterschrumpfen lässt.

16. Übung

Der Übende wird sicherlich bemerkt haben, dass in allen fühlenden Übungen ein erkennendes Fühlen wachgerufen und angewendet wird. Nun machen wir davon bewusster Gebrauch. Wir rufen wieder eine emotionale Begebenheit aus der Vergangenheit in das fühlende Bewusstsein, reduzieren sie so weit wie möglich und versuchen dann, die Qualität der verbliebenen Emotion zu empfinden und mit einem *konzentrierten,* bis zur Identität mit dem Thema gediehenen Denken in diese Qualität einzutauchen. Ist diese Übung von beiden Seiten – der des Denkens und der des Fühlens – wohl vorbereitet, dann erleben wir, wie sich die festere Denkbewegung beim Eintauchen in die brodelnde Flüssigkeit der Emotion in diese hineinlöst, zu einem Fühlen wird, das die Emotion zunächst einmal gleichsam färbt, dann in eine erkennende Erfahrung umwandelt. Dieses erkennen ist sehr schwer in Worte zu fassen, wir sollten das zunächst auch gar nicht versuchen – damit das Erleben von Verzerrungen verschont bleibt –, sondern das «Aha»-Erlebnis im Fühlen einfach auf- und abklingen lassen. Bei mehrfachem Wiederholen werden schon Worte kommen.

Diese Übung hat mehrfachen Wert. Einerseits lernen wir, dass auch eine Emotion erkennbar, das heißt auflösbar ist; das bedeutet kein rationales Finden einer Ursache, kein Entstehen intellektuellen Wissens, sondern die Beruhigung und Verwandlung des emotionalen Wesens in lichtere, durchsichtigere, erkennende innere Gebärden. Andererseits lernen wir mit Emotionen umzugehen, wenn auch zunächst mit vergangenen; das aber ist eine Vorbereitung darauf, auch zu gegenwärtigen Emotionen anders zu stehen. Wir lernen auch in der Praxis, dass konzentriertes Denken sich verhältnismäßig leicht in fühlende Intelligenz verwandeln kann.

17. Übung

Zurückgreifend auf die Denk- und Vorstellungskonzentration versuchen wir, die Aufmerksamkeitsintensität noch weiter zu steigern, über das geschilderte Ich-bin-Erlebnis, das Selbst-Werden hinaus. Ist die Aufmerksamkeit als Bewegung in das Thema hinein «vor» dem Bild (oder Thema) zu sich selbst aufgewacht, so bleibt sie in der weiteren Steigerung stets wach, das heißt, das Ich-bin gewinnt Dauer – wird für die Dauer der Übung zum Geistselbst – und geht im Charakter vom reinen, lebendigen Denken immer mehr in die Farbigkeit des Fühlens über. Der Übergang ist kontinuierlich, es gibt keine «Stufen», Leitersprossen, Etagen, die ein Verweilen dazwischen nicht zulassen würden. Wir sind nur durch die Struktur der Sprache genötigt, von Stufen zu sprechen, weil wir eine Kontinuität nicht in ihrem stetigen Übergang schildern können. Deshalb wird in traditionellen und anderen Beschreibungen im Hinblick auf die geistige Welt von verschiedenen – vier, sieben, neun, zwölf oder mehr – Bewusstseinsstufen gesprochen oder von verschiedenen zählbaren Weltsphären.

Wir können das Geschehen wieder schematisch verbildlichen:

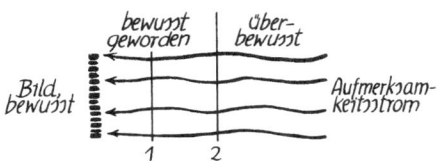

Unter 1 ist das erste, unter 2 das zweite *benannte* Ich-Erlebnis (Geistselbst bzw. Lebensgeist) anzusiedeln. Dieses «zweite» ist, mit dem ersten verglichen, ein früheres Aufwachen (vom Thema gemessen früher), wobei «früher» wiederum weder zeitlich noch räumlich zu verstehen ist. Wir nehmen an, dass 2 eine rein fühlende Erfahrung ist, ein intelligentes Fühlen und ein Selbst, das sich fühlt, nicht als Objekt, wie es beim Mich-Fühlen geschieht, sondern ähnlich wie beim ersten Selbst-Erleben die reine denkende Aufmerksamkeit sich erfährt, erfährt sich beim zweiten die fühlende Aufmerksamkeit, in der das reine Denken aufgelöst ist.

Für dieses Subjekt, das in der Übung erscheinen kann, zeigt sich das Thema in nicht-dualistischer Weise, als Identität in der Gestalt einer Gefühlsform, so wie die ganze Welt wahrzunehmen wäre, hätte diese Bewusstseinsart Dauer. So erlebt das Kleinkind in einer frühen Zeit seines Lebens – bevor es alles als Geschehen erlebt – die Welt als Gefühlsgestalten, und auch archaische Kulturen haben diese Erfahrung gehabt.

Man kann das zweite Ich-Erlebnis und auch die Erfahrungen zwischen dem ersten und dem zweiten als die Wahrnehmung der *Kraft* bezeichnen, die den Strom der Aufmerksamkeit bewegt, und zwar so, dass die Bewegung zum vorgesetzten Thema wird. Die Bewegungskraft des Denkens / Vorstellens ist das Fühlen. Will man ein Bild zeichnen oder malen, so muss der Stift oder der Pinsel vom Gefühl des Themas geführt werden, sonst wird das Bild Flickwerk. Auch ein Denkstrom wird nur lebendig, wenn er von einem erkennenden Fühlen als Bewegungskraft getragen wird.

43

18. Übung

Ist man in der Konzentrationsübung einige Male zu der Erfahrung 1 oder 2 gekommen, so wird es nur noch selten passieren, dass man von einer Emotion überwältigt wird. Aber schon vorher, nach Übungen mit vergangenen emotionalen Situationen, kann man nun Übungen mit voraussichtlich eintretenden Emotionen versuchen. Wenn ich weiß, dass ich in naher Zukunft ein aufregendes Gespräch haben werde, kann ich mich darauf vorbereiten. Ich zeichne nicht eine Verhaltensweise vor, sondern versuche meine Konzentriertheit vorzubereiten, nämlich indem ich mich auf Themen konzentriere, die mit dem Gespräch nichts zu tun haben. Ist die Bereitschaft der Aufmerksamkeit da, so nehme ich mir vor, in die Emotion, die voraussichtlich auf mich wartet, freiwillig einzusteigen, ihr entgegenzugehen, wie man sich in ein Meer mit großen Wellen hineinbegibt. Ich warte nicht, bis mich die Flut erreicht, sondern steige aktiv in sie ein. Das Ergebnis kann darin bestehen, dass ich die Emotion zwar voll erlebe, sie mich jedoch nicht oder nicht völlig überwältigt – mein Kopf bleibt über dem Wasser. Ich kann mich auch – aus vorangehenden Übungen mit vergangenen Situationen – auf das «Einsparen» der Emotionsintensität besinnen und versuchen, alle Erfahrungen mit solchen Übungen nun auf gegenwärtige, aktuelle Emotionen anzuwenden. Damit beginnt eine Phase des Übungsweges, die sich im Alltagsleben abspielt.

Zwischenbemerkung

Wenn wir anhand der Konzentrationsübungen etwas denken / vorstellen, dann heben wir zunächst einen Gedanken oder eine Vorstellung aus der Vergangenheit für einen Augenblick in die Gegenwärtigkeit des Bewusstseins, und das gelingt meistens ohne Schwierigkeiten. Diese beginnen erst eigentlich, wenn wir die Erinnerung halten wollen. Dass wir aus der Vergangenheit etwas in die Gegenwart holen können, zeigt, dass unser Wesen, die Aufmerksamkeit, gegenwärtig ist, ohne dass wir sie direkt erfahren. Aus dieser überbewussten Gegenwärtigkeit heraus verfügen wir über Vergangenes, Bilder, Gedanken, Objekte. Das Fühlen aber hat eigentlich keine Vergangenheit: Wenn wir ein Fühlen oder auch eine Emotion erleben, ist sie dauernd gegenwärtig. Daher kann man eine Emotion nicht einfach wie einen Gedanken – wie ein Objekt –, auf den man seine Aufmerksamkeit richtet, in die Erinnerung, das heißt Gegenwärtigkeit heraufholen, sondern man muss das Denken / Vorstellen verwenden, um die Situation heraufzubeschwören, in der man die Emotion erlebt hat. Das ist manchmal recht schwierig, und es kann vorkommen, dass es nicht gelingt.

Besinnung / Meditation 18: Gefühle sind nur jetzt.

19. Übung

Wir bringen einen Zeigefinger in senkrechte Position und konzentrieren uns *empfindend* auf ihn. Wir lassen das Denken / Vorstellen ruhen und versuchen, den Finger zu fühlen. Wir schauen ihn nicht an und sehen von allem ab, was wir anatomisch oder sonstwie über den Finger wissen. Wir achten nur auf die Empfindungen, ungefähr drei bis fünf Minuten lang.

Wenn wir diese Übung entsprechend der obigen Anleitung richtig machen, merken wir, dass wir den Finger selbst gar nicht erfahren, wir empfinden ihn weder als Ganzes noch in seinen Teilen (Knochen, Muskeln, Gelenken, Haut, Nerven), sondern eine Empfindung, die den Finger in allen Richtungen umhüllt, einer Bandage ähnlich, und die Grenzen dieser Umhüllung sind nicht scharf im Raum, sie verschwimmen. Man kann auch die Empfindung haben, dass der Finger viel dicker, eventuell auch viel länger ist, als wir ihn kennen.

Besinnung 19: Empfinden kann man nur eine Empfindung.

20. Übung

Was wir in der 19. Übung als Empfinden erfahren, kann sukzessiv auf den ganzen Körper ausgedehnt werden. Wir nehmen zunächst einen Arm, frei hängend, dann zwei Arme. Wenn die empfindende Aufmerksamkeit vom einen zum anderen oszilliert, helfen wir uns mit der Vorstellung, die beiden Arme seien mit einer Latte oder einer Schnur verbunden. Dann versuchen wir, im Stehen bei den Füßen anfangend, zu empfinden und die Empfindung langsam durch den ganzen Körper aufwärts steigen zu lassen. Die Empfindung ist nicht erkennend, sie ist nur ein konzentriertes Erleben des Mich-Empfindens, in dem wir seit dem Kleinkindalter leben.

Besinnung 20: Was Körperempfindung genannt wird, ist eine Empfindungshülle, die den Körper umgibt.

In diesen Übungen kann man die Mich-Empfindung rein und intensiv erleben, insofern sie sich auf den Körper bezieht. Es gibt auch ein rein seelisches Mich-Empfinden, wie Neid, Eitelkeit und Ähnliches. Wir werden darauf noch zurückkommen.

Mit wachsender Geschicklichkeit in diesen Übungen kann man die Aufmerksamkeit auch ins Innere des Körpers leiten. Man kommt zu demselben Ergebnis: Wir nehmen auch in diesem Fall nicht Körperteile, sondern die sie umhüllende Empfindung wahr.

Zwischenbemerkung

Der Sinn aller Übungen, die die Aufmerksamkeit auf den Körper oder auf Körperteile lenken, ist und war ursprünglich, dem Übenden (erfahrungsgemäß) klar werden zu lassen, dass die Erfahrungen des Körpers nicht vom Körper, sondern von einem körperunabhängigen Subjekt gemacht werden. Es hängt immer von der Intensität der Aufmerksamkeit ab, wie weit dieses Subjekt, der

Zeuge selbst, in den Übungen erfahren wird. Je unentwickelter die Egoitätshülle ist, umso leichter leuchtet das erfahrende Wesen auf.

21. Übung

Bei mehrfacher Wiederholung der vorangehenden zwei Übungen werden wir ein zweites Gefühl nach und nach bemerken: ein beobachtendes Fühlen. Logisch ist es ja klar, dass weder der Körper noch die erlebte Empfindung das Subjekt dieser Erfahrungen sind, nur bleibt das wirkliche Subjekt meistens hinter der objekthaften Erfahrung – hinter allen Objekterfahrungen – verborgen. Daher war es in der Tradition aller alten Kulturen ein Ziel, dass der nicht-körperliche Erfahrende der Körperübungen oder den Körper einbeziehender Übungen sich selbst entdecke.

Durch die Konzentration der Empfindung auf den Körper oder auf seine Teile kann man die Qualität des Mich-Empfindens ziemlich scharf erfassen. Nun versuchen wir, zugleich auch auf das erfahrende Fühlen zu achten, auf das Subjekt-Empfinden. Dann können wir die zwei Empfindungen vergleichen und den Unterschied in unserem *empfindenden* Wesen ohne Begriffe und Worte immer mehr ausarbeiten.

22. Übung

Wir machen eine Denk- / Vorstellungsübung, wie die 7. Übung, und führen sie so weit wie möglich, mindestens aber bis zur Identitätserfahrung: Wir werden das Thema. Zugleich versuchen wir, die Qualität des Erfahrenden *innerhalb* der Übung zu fühlen, das heißt ohne dass die Identität aufgegeben wird. Danach rufen wir eine Emotion aus der Vergangenheit herauf, tauchen stark in sie ein und versuchen zugleich, auch jetzt den Erfahrenden in seiner Qualität zu erleben. Gelingt das, so vergleichen wir im Fühlen ohne Begriffe und Worte die zwei Subjekt-Qualitäten.

23. Übung

Eine der «Nebenübungen» (*neben* dem Meditieren nämlich), die Rudolf Steiner empfohlen hat, ist *Gleichmut*. Wie auch in etlichen anderen Traditionen, bedeutet Gleichmut keineswegs Gleichgültigkeit oder phlegmatisches Verhalten und auch nicht, dass man die äußeren Erscheinungsformen der Gefühlswallungen vermeidet, unterdrückt. Das Wesen dieser Übung ist vielmehr, dass man das Übertriebene zu vermeiden versucht, indem man das Emotionale teilweise in erkennendes Fühlen umwandelt. Man strebt danach, sich nicht automatisch, wie durch einen unwiderstehbaren Reiz, in einen Gefühlssturm hineinziehen zu lassen, sondern durch Mitgefühl, Mitleid und Liebe an solchen Situationen teilzunehmen. Das erkennende Fühlen wirkt lindernd und heilend. Nicht kalte Unbeteiligtheit, sondern gesteigerte Fühlfähigkeit ist das Ziel.[13]

24. Übung

Eine zweite der so genannten Nebenübungen heißt «Unvoreingenommenheit». Wie jegliche Übung, kann auch die genannte grenzenlos vertieft werden und ist in diesem Sinne wie eine Einführung zu einer inneren Gebärde: zum Staunen. Unvoreingenommenheit bedeutet nicht nur, sich von Vorurteilen, eingewurzelten Meinungen, Wunschgedanken zu lösen – vor allem, was das gesunde Alltagsdenken irreführen kann –, sondern auch, sich auf ein neues Verstehen vorzubereiten. Wenn wir mit Unbekanntem, Überraschendem, Unglaubhaftem konfrontiert werden, ist unser erster Impuls, es mit uns geläufigen Begriffen verstehen zu wollen. Allzu leicht wandert es dann in eine schon lange bereitstehende Schublade. Wenn wir die Auferstehung eines Toten erlebten, würden wir sie als solche akzeptieren? Oder hätten wir sofort etliche Gedankengänge parat, die das Erlebte «erklärten», es auf einen natürlichen Prozess reduzierten und damit den Wundercharakter verschwinden ließen?

Die Übung kann sehr anspruchsvoll sein, insofern nämlich der Übende bei der Begegnung mit dem Ungewöhnlichen versucht, seine sofort bereiten Begriffe, sein schon ausgestaltetes Begriffsnetz *nicht* zu verwenden, es zurückzuhalten. Anders ausgedrückt: sein Denken stillzustellen. Das ist in sich fast unmöglich, es sei denn, dass an die Stelle des begrifflichen Denkens etwas anderes tritt: die Anfänge eines erkennenden Fühlens. Diese Anfänge bedeuten keine Erkenntnis, nur die ungefärbte Bereitschaft des Fühlens: ein leeres Fühlen, in dem doch die Keime eines fühlenden Erkennens wahrnehmbar sind. Es ist deutlich, dass diese Übungsphase eine weitgehende Beherrschung des Denklebens und eine Vorbereitung des erkennenden Gefühlslebens voraussetzt.

In diesem Sinne ist Unvoreingenommenheit formfreie Bereitschaft, Freiheit von Denk-, Gefühls- und Willensformen aus der Vergangenheit, von allem Hergebrachten, das sich nicht in Fähigkeiten auflöst, Bereitschaft, etwas als völlig Neues, mit Hilfe eines neuen Zugangs zu erkennen – auf jeglicher Stufe.

Zwischenbemerkung

In einer Vortragsreihe mit dem Titel *Die Welt der Sinne und die Welt des Geistes*[14] zeigt Rudolf Steiner, wie die Wirklichkeit der geschaffenen Welt im Physischen als «waltender Wille» erlebt werden kann, hinter welchem als Sinn oder Bedeutung «waltende Weisheit» erfahren wird, beide durch erhöhte Erkenntnisfähigkeit. Das bedeutet vor allem ein erhöhtes Ich oder Selbst, das seiner selbst bewusst ist, sonst hätte das «höhere Erkennen» kein Subjekt. Dieses Subjekt ist nicht gegeben, es muss sich durch Bewusstseinsübungen aus der Gegebenheit das Alltags-Ich entwickeln, das heißt sich aus der Identität mit den Seelenfunktionen – Denken, Fühlen, Wollen – herauslösen, sodass es diese gleichsam von außen anschauen kann. Der Weg zu diesem Selbst und seine Erkenntnisfrüchte haben eindeutig fühlenden Charakter, wie auch die Wirklichkeit Willens- und Gefühlscharakter bekommt. «Waltend» deutet auf das Prozesshafte dieser Wirklichkeit hin.

Besinnung / Meditation 21: Die Wirklichkeit ist fühlbar.

Der geschilderte Weg besteht aus vier inneren Gebärden, die stufenweise zum genannten Ziel führen: Staunen, Ehrfurcht vor der Wirklichkeit und Wahrheit, In-Einklang-Sein mit dem Weltgeschehen (der Weltwirklichkeit) und Ergebenheit in den Weltenlauf. Die ersten drei Haltungen sind fühlenden Charakters, die vierte geht vom Fühlen aus und berührt die Willenssphäre. Dieser Weg ist für den Übenden geeignet, der durch das reine Denken und durch Gefühlsübungen im Hinblick auf die Vergangenheit gegangen ist und solche auch in einer aktuellen Lebenssituation begonnen hat.

25. Übung

Das Staunen ist die Voraussetzung für jegliche originäre Erkenntnis: das Freiwerden von Vergangenheitselementen. Damit ist natürlich nicht gemeint, dass diese überflüssig gewesen seien oder dass man sie einfach vergessen, gewissermaßen von der Tafel abwischen könnte. Es ist der Auflösungsprozess der Erlebnisse in Fähigkeiten, der hier eine Rolle spielt – übrigens eine Grundfrage jeglicher Pädagogik. Das Staunen kann nicht durch einen Willensentschluss hervorgerufen werden, es ist nur möglich, die Hindernisse vor dem Staunen wegzuräumen. Dazu führt auch die Übung der Unvoreingenommenheit und die innere Ruhe. Diese ist in ihrem intensiven Ausarbeiten ein inneres Schweigen, das Verstummen des inneren Dialogs, den wir sonst ständig mit uns selber führen, wie auch das Stillstehen der Begriffsflut, mit der wir allem, was in unser Bewusstsein dringt, begegnen und alles schnell beurteilen.

Unvoreingenommenheit ist die eine, Voraussetzungslosigkeit die andere Übung, die zur Fähigkeit des Staunens führt. Wenn wir auch die Anwendung unseres Begriffsschatzes zu vermeiden gelernt haben, bringen wir doch unwillkürlich und stillschweigend viele Voraussetzungen mit uns. Eine von ihnen ist, dass wir so, wie wir eben sind, das an uns herantretende Phänomen verstehen können. Unsere ganze Vergangenheit, unsere Erziehung, die Lebensumstände, der Lebensstil, kulturelle Einflüsse gehören zu den «Voraussetzungen», einschließlich der Sprache, in der wir leben. Es ist ersichtlich, dass die Reinigung des Denkens auch diese «Voraussetzungen» umarbeiten kann, wenn sie nur tief genug geht. Das Staunen ist nicht einmal wie ein Keim des Verstehens, sondern wie die gute Erde – das «gute Land» Luthers –, in welche die Aussaat fallen kann, um zu keimen. Staunen kann man vor allem, wenn die genannten und vielleicht auch weitere Hindernisse, die wir auf dem Lebensweg gesammelt haben, weggeräumt sind. Das Kleinkind hat diese Hindernisse noch nicht: Das Staunen ist für es natürlich. Ist das Staunen beim Erwachsenen wieder geboren, dann kann er auch die verschiedenen Gefühlsfarben im Staunen vergleichen.

26. Übung

Die Ehrfurcht oder die verehrende Hingabe an das, was sich dem Denken darbietet, erwächst aus dem Staunen wie eine natürliche Haltung gegenüber dem Größeren, das man nicht versteht und daher auch nicht hervorbringen kann. Es ist doch da, ohne mein Zutun, und *zeigt* sich sogar: Das ist die Natur der Schöpfung, sie zeigt sich, um verstanden zu werden.

Besinnung / Meditation 22: Die Schöpfung ist unverborgen.

Wie für das Staunen, ist fast alles für die Ehrfurcht da. Das Wesen der Ehrfurcht ist, wie im Staunen und den nächsten zwei Übungen, das Zurückhalten des Zugreifens mit dem autonomen

Denken. Die Tugend, die für jedes höhere Erkennen notwendig ist, wird vorgezeichnet: warten zu können. Das Warten ist keine Passivität, auch kein Probieren, keine Vorahnung und daher so schwer; es ist eine Bereitschaft ohne Ziel, ohne Vorwegnehmen einer Richtung, nur ein Platzbieten dem, was kommt.

Die Ehrfurcht ist, wie das Staunen, aus dem sie wie natürlich folgt, kein Erkennen, sondern Vorbereitung, ein Zurücktreten vor dem, was erkannt werden soll. Dieselbe Bewegung nach rückwärts finden wir in den zwei Seelenzuständen, die als nächste geschildert werden, aber auch in der tiefen Konzentration, wo die Aufmerksamkeit sich immer weiter weg *vor* dem Bild oder Thema erfahren kann, sich rückwärts bewegt zu ihrer Quelle hin.

27. Übung

Sich in Einklang zu setzen mit den Weltgesetzen, als dritte Seelenhaltung, ist eine Anpassung, mit dem Worte des Thomas von Aquin: eine Adaequatio, in der Richtung des Das-Werdens, Identisch-Werdens mit dem, was man zu erkennen beabsichtigt. Wir kennen nicht, woran wir uns anpassen, sondern im Sinne von Thomas ist die Adaequatio gegenseitig: Das zu Erkennende passt sich an uns an, an unsere erkennende Gebärde, und wir passen uns mit dieser Gebärde an es an. Es ist ein gegenseitiges aneinander Heranbewegen, weil diese zwei Komponenten der Welt aufeinander abgestimmt sind.[15] Was wir dann erkennen, ist das Resultat der zwei Bewegungen. Diese Anpassung wird im Fühlen durch den Einklang mit den Weltgesetzen vorbereitet. Das Denken wird zurückgehalten, damit die Dinge sich zeigen, und sie zeigen sich erst dem ehrfurchtsvollen Blick. Dann kann das Hören beginnen, womit der Erkennende dem Sprechen der Dinge entgegengeht. Der Einklang lässt dieses Sprechen erklingen, lässt das Fühlen von den «Dingen» beeinflusst werden, das Fühlen, das dann das Denken im Ausdruck des Gehörten leiten kann. Die Eigenschaft der Dinge, die in dieser Seelenhaltung wirksam wird, ist ihre «Wahrheit». Im Sinne des Thomas von Aquin – und nach dem mittelalterlichen und auch früheren Sprachgebrauch – ist *Wahrheit* die Fähigkeit der Dinge, ihre Bedeutung zu offenbaren, weil sie eine Bedeutung haben, ja, weil sie Bedeutung *sind,* und diese strahlt der vorbereiteten Seele entgegen, als das Licht der Dinge.

Besinnung / Meditation 23: Das Wirklich-Werden der Dinge ist ihr Licht selbst. (Thomas von Aquin)

Was oben «Weltgesetz» genannt wurde, ist das Licht der Dinge.

28. Übung

Ergebung in den Weltenlauf heißt die vierte Seelenverfassung. Alle vier sind notwendig *vor* dem Denken, es vorbereitend, wenn es mit der Wirklichkeit in Berührung kommen soll. «Ergebung» heißt, die Geistseele, die erkennende Seele lässt sich prägen von dem, was ihr von dem Ding – das kann auch ein Nicht-Stoffliches, ein Gedanke sein – entgegenstrahlt. Hier sollte man sich erinnern, dass das «Ding» ein Ergebnis der gegenseitigen Anpassung ist, des Erkennenden und des zu Erkennenden. Was sich prägen lässt, kann der umgekehrte, empfangende Wille genannt werden.[16] Mit diesem tritt das Kleinkind zuerst der Welt entgegen, und der Erwachsene versucht, diesen prägbaren Willen mit Ich-Bewusstsein wieder herzustellen. Die Person entäußert sich in der Ergebenheit völlig, nachdem sie alles getan hat, um die Wirklichkeit herankommen zu lassen. Es wird ihr gleichgültig, ob sie oder ein anderer die Erkenntnis empfängt, auch, ob diese überhaupt zustande kommt.

Zwischenbemerkung

Die vier beschriebenen Seelenverfassungen haben gemeinsame Züge: Der Mensch zieht sich vor dem, was an ihn herankommt,

53

zurück, greift nicht zu, lernt, aktiv zu warten. Das ist die größte Aktivität, das Zurückhalten. Dieses Warten ist eigenes Reifen, ist Fallenlassen der erwähnten tief eingewurzelten «Voraussetzung», dass ich so, wie ich bin, fähig und würdig sei, alles zu verstehen, die Wirklichkeit zu erkennen. Das «Zurückziehen» hat zwei Folgen: Einerseits zieht sich das (zukünftige) wahre Ich oder Selbst aus der Vermischung mit den Seelenfunktionen heraus, wird ihr «Zuschauer», der sie von innen her Erfahrende; von «außen» kann man die Seelenfunktionen nicht erfahren, nur benutzen, denn man ist in ihnen, ohne Abstand. Andererseits wird die intelligent fühlende Aufmerksamkeit, mit der die vier Seelenzustände zu tun haben, Schritt für Schritt «leerer», anders gesagt: objektlos und doch aktiv. Das ist der allgemeine Verlauf der Entwicklung: Eine Fähigkeit entwickelt sich an Objekten, Inhalten, um dann, frei von ihnen, alle Objekte erfassen und solche auch schaffen zu können. Fähigkeiten sind frei von den Formen, mit denen sie empfangend oder produzierend zu tun haben.

Besinnung / Meditation 24: Fähigkeiten sind auf dem eigenen Gebiet formfrei.

Zu dieser Freiheit gehört, um sie tragen zu können, ihr Subjekt zu sein, auf jeder Stufe ein Selbst. Die «Fähigkeiten» sind auf ein Gebiet (z.B. Musik, Pädagogik) beschränkt; zum Selbst führt die Erfahrung der allgemeinen Fähigkeit, der leeren Aufmerksamkeit, aus der durch Einschränkung oder Selektion die einzelnen spezifischen Fähigkeiten entstehen.

Der geschilderte Weg kann auch als einer zur Reinheit der Seelenfunktionen charakterisiert werden. Reinheit bedeutet Freisein von Formen, Objekten, Inhalten, aber vor allem auch Freisein vom Mich-Empfinden, das die Grundlage der Egoität ist und auch das erste Objekt, mit dem sich die Wesenheit des Menschen teilweise vermischt: die allerzäheste «Voraussetzung».

Dem Menschen, der die Gefühlsleerheit bis zur Ergebenheit in den Weltenlauf entwickelt und zugleich das entsprechende Selbst in der fühlenden leeren Aufmerksamkeit verwirklicht hat, erscheint die Wahrnehmungswelt verändert. Nennt man die Gegebenheit «Sinneswelt», die wir mit Hilfe der Sinne (nicht *durch* sie) wahrnehmen, so geht nicht in dieser eine Veränderung vor sich, sondern zur Sinneswahrnehmung, untrennbar von ihr, tritt eine Bedeutungsrealität hinzu. So wie sich die Buchstaben, der Druck nicht verändern, wenn jemand sie lesen gelernt hat.

Dritter Auftakt

Wir wissen nicht, wie wir denken. Dadurch ist unser gesamtes Wissen verstümmelt. Wir wissen aber auch nicht, wie wir sprechen, wie wir uns bewegen, wie wir wollen, was das Fühlen ist, wer wir sind … Wir erfahren unsere Aufmerksamkeit nicht, mit der wir alles andere erfahren. Wir kennen unsere eigenen Biographie nicht – sonst hätten wir keine Probleme im Leben. Wir wissen nichts über das eigene Schicksal, kennen den Wert einzelner Erlebnisse nicht, wir wissen nichts über Leben und Tod, über den Kosmos, über seinen Anfang und sein Ende …

Was wir auch tun, nicht-tun, denken, nicht-denken, alles ist mit Willen getan: Was wissen wir über den Willen?

III.
Vom Fühlen zum Willen

Gedanken über den Willen

Wenn das erkennende Fühlen im Aufwachen begriffen oder schon aufgewacht ist, verändert sich vor dem fühlenden Blick, vor allen Sinnesbereichen und vor dem Denken die Welt. Alles erscheint als fühlbarer Wille, sowohl die Dinge als auch die Gedanken. Die Dinge *wollen* die Dinge sein, die sie sind, und ebenso die Gedanken und auch die Gefühle. Es ist nicht der Wille *der* Dinge, der Gedanken, der Gefühle: Sie *sind* Wille, und dieser Wille gehört letztlich, wie jeder Wille, *jemandem.*

Wenn wir etwas aus gegebenen Stoffen machen, dann ist im Gestalten, Formen, Zusammenbauen unser Wille wirksam. Ist das «Ding» – es kann auch ein Gedanke sein – einmal fertig, löst sich das formende Ich, sein Wille vom fertigen Ding los und übergibt das Gestaltete einem bleibenden, bewahrenden, waltenden Willen, dessen Wirkung wir meistens als «Sein» empfinden, als ob das Ding, einmal geschaffen, ein «Sein» besäße.

Kleine Kinder, archaische Völker erleben den gestaltenden und den bewahrenden Willen in der Schöpfung; wir können ihn zunächst denken, gedanklich sichten.

Besinnung / Meditation 25: Alles ist Wille.

Alles, was Gestalt hat – auch Gedanken-, Gefühlsgestalt –, ist aus Willen. Im Wahrnehmen – sinnlicher oder geistiger Art – erleben wir für einen Augenblick diesen Willen, er erstrahlt aus allem, was gestaltet ist, und er prägt unsere Aufmerksamkeit zu dem, was wir wahrnehmen. Wir können mit unserem Willen nicht dagegen wollen: Wenn etwas blau und viereckig ist, können wir es nicht rot und rund sehen, so sehr wir uns dabei anstrengen.

Kleine Kinder und archaische Menschen erleben den Willen der Dinge, weil sie ihn als sinnvolles, fühlbares Licht erfahren, dem sie einen umgekehrten, prägbaren Willen entgegenbringen – «Dein Wille geschehe», das ist mein Wille; mit diesem fügen sie sich in den Weltenlauf ein.

Der heutige Erwachsene kann den empfangenden Willen nicht wollen, ihn nicht absichtlich hervorrufen; dieser kann in ihm entstehen, wenn er Größerem, als er selbst ist, begegnet und sich dafür öffnet. Das geschieht meistens auf einem spezifischen Gebiet, wie zum Beispiel der Musik, dem Drama oder einer Wissenschaft. So war es auch in archaischen Kulturen; einer konnte mit Metallen, ein anderer mit Pflanzen, ein Dritter mit Krankheiten umgehen und so fort. Der Priester-König war auf vielen Gebieten zuständig.

Der empfangende Urwille hat eine beim Kleinkind beobachtbare Eigenschaft: Was durch ihn aufgenommen wird, das kann das Kind auch aktiv reproduzieren. Meistens nennen wir dieses Phänomen «Nachahmung». Es ist keineswegs ein bewusstes Nachahmen-Wollen. Was in den umgekehrten Willen hereingeprägt ist, das kann das Kind wiedergeben. So «lernt» es sprechen. Einerseits kann es die Laute, Wörter, Sätze so richtig wiedergeben, wie es sie gehört hat; andererseits erfährt es im Fühlen die Sprechintention des Sprechenden und dadurch unmittelbar die Bedeutung des Gesprochenen und kann so den Sinn der Wörter und Sätze, der grammatischen Wendungen «verstehen» und sie situationsgerecht verwenden.

Der Erwachsene bewahrt die kindliche, bis zur Körperlichkeit reichende Prägbarkeit auf dem Gebiet des Sprechens und Singens: Eine Tonhöhe, ein nie verwendeter oder gehörter Laut, ein Wort einer Fremdsprache können auf Anhieb, ohne Üben, reproduziert werden, so genau, wie man sie gehört hat. Die selten gestellte Frage: Woher wissen die Stimmbänder, die Sprachorgane, wie man wiedergibt, was durch die Ohren vernommen wurde, ist durch die Prägbarkeit dieser Körpersphäre zu beantworten: Die

Stimmbänder, die Sprachorgane machen schon beim Hören stumm mit.

Ähnlich ist es mit jedem anderen Fähigkeitsbereich. Wer die Musik mit seinem erkennenden, prägbaren Willen aufnehmen kann, wird Komponist. Wer sie mit Fühlen aufnimmt, kann Musiker werden.

Im Sprechen, Singen, in jeglicher künstlerischen Tätigkeit erscheint ein besonderer doppelter Wille. Der bewusste Wille in der Aufmerksamkeit ist mit dem Inhalt der Rede, mit der Musik, mit den Themen der Kunst beschäftigt, auf diese gerichtet. Der körperliche Wille, der das Beabsichtigte durch das Sprechen, Spielen und so weiter in die Wahrnehmungswelt versetzt, ist überbewusst. Wir wissen nicht, wie die Sprachorgane arbeiten, wie die Hände, die Arme sich bei einer künstlerischen Tätigkeit bewegen, auch wenn wir diese Aktivität bewusst erlernt haben; wenn sie Fähigkeit geworden ist, rückt die Tätigkeit ins Überbewusste.

Dieser *Ausdruckswille* ist die Fortsetzung des kindlichen empfangenden und zugleich reproduzierenden Willens. In allen erwähnten Tätigkeiten ist der empfangende Teil, die gestaltende Inspiration wohl zu bemerken. So ist es auch beim künstlerischen Sprechen, während im Alltag der Inhalt der Rede aus verschiedenen nicht-inspirierten Quellen kommen kann. Die ausführenden Bewegungen der Sprachorgane bleiben immerhin auch hier überbewusst.

Der geschilderte überbewusste, doppelte Ausdruckswille wird in den körperlichen Ausdrucktätigkeiten verwendet. Die meisten körperlichen Bewegungen dienen nicht dem Ausdruck, sondern einem Zweck. Wir können ihn Arbeits- oder Nützlichkeitswillen nennen. Durch ihn versetzen wir unsere Gliedmaßen in Bewegung, wenn wir mit Löffel, Messer, Gabel essen, das Unkraut aushacken, Auto fahren und so fort. Zunächst lernen wir diese Bewegungen bewusst, später können sie zur Routine werden; immerhin unterscheiden sich diese Bewegungen von den Ausdrucksgebärden durch zwei Züge: Die Aufmerksamkeit muss wenigstens teilweise immer bei der körperlichen Bewegung bleiben, und die Bewegungen dienen nicht dazu, etwas auszudrücken oder mitzuteilen, sie tragen keine Botschaft.

Beiden Willensarten ist gemeinsam, dass wir nicht wissen, wie die körperliche Bewegung geschieht; beim Arbeitswillen kennen wir die Bewegungsform, und wir kennen bewusst die Bewegung; beim Ausdruckswillen kennen wir die Form der Bewegung entweder nicht (Sprechen) oder wir sind nicht primär interessiert an ihr (Kunst), wir sind an der «Botschaft» interessiert, die bei dem Nützlichkeitswillen fehlt.

Der Ausdruckswille ist, im Gegensatz zum Arbeitswillen, nicht vom Mich-Empfinden begleitet und nicht innerviert. Die Mich-Empfindung entsteht beim Arbeitswillen durch den Tastsinn. Dieser ist beispielsweise auch beim Klavierspielen aktiv, aber die Aufmerksamkeit ist mit den Fingern nur peripher beschäftigt, sie ist auf die Musik gerichtet. Die künstlerische Bewegung ist spielerisch, ohne Anstrengung und von einer impliziten Zeugenschaft begleitet, bei der der Zeuge nicht der Planer der Bewegung ist.[17]

Es gibt innere Willensakte, die nicht oder nur sekundär in körperliche Bewegungen einmünden, wie zum Beispiel Denken, Erinnern, Verstehen, Ahnen, Lernen, Problemlösen. Offensichtlich kann man diese Tätigkeiten nicht mit einem Zweckwillen «wollen», man *lässt sie geschehen,* man lässt das Denken sich bewegen, gibt ihm eine leise, vorsichtige Lenkung, man lässt die Erinnerungen kommen, wie das Verstehen oder eine Ahnung; der harte (Nützlichkeits-)Wille wäre und ist manchmal offenkundig hinderlich. Die inneren Willenstätigkeiten sind spezifisch menschliche Fähigkeiten, die ebenso wenig vererbt sind wie das Sprechen. Die inneren Tätigkeiten werden von einem empfangenden Willen geführt, man kann und muss daher dem Willen nicht vorzeichnen, *was* er tun, zum Beispiel denken oder erinnern, soll; täte man das, so wäre es augenblicklich auch schon gedacht oder erinnert. Wir geben dem Willen nur in etwa die Richtung an. Wie die Fähigkeiten zu inneren Willenstätigkeiten, so sind auch die Ausdrucksgebärden nicht biologischer Natur, das heißt nicht vererbt: Sie entwickeln sich nur in normaler menschlichen Umgebung, und ihre Form ist kulturbedingt.[18]

Anhand der charakteristischen Züge, die hier geschildert wurden, dürfte zu verstehen sein, warum wir den Ausdrucks- und empfangenden Willen den *sanften,* den Nützlichkeitswillen oder Zweckwillen oder Arbeitswillen den *harten* Willen nennen.

Wie alles Geformte, besteht auch der menschliche Körper aus Willen. Die Willenskräfte, die den Körper gemäß dem Willen des Ich bewegen, werden durch den Einfluss des Ich aus dem physischen Körper frei. Dieses ist die Quelle der kommunikativen Gebärden, die spezifisch menschliche Bewegungen sind, wie Blickkontakt, Lächeln, Sich-Aufrichten, Gehen, Sprechen. Parallel zu ihnen entwickeln sich die entsprechenden, zum Teil unbenannten inneren Willensaktivitäten.

Wenn die Ausdruckstätigkeit aus innerem Impuls geschieht, nicht von außen oder durch eine Emotion, durch die Egoität angeregt, dann steht sie dem wahren Ich am nächsten. Das sind freie, schöpferische, intuitiv erhaltende Taten (aus Liebe). Diese Tätigkeiten werden daher immer *gleichzeitig* bezeugt: Das Denken wird verstanden, beim Singen hört man im Voraus (und auch im Nachhinein), beim Zeigen wissen wir, worauf wir zeigen, bei jeder künstlerischen Tätigkeit ist ein Vorstellen im Vorhinein wirksam und – wenn die Eitelkeit es nicht beeinflusst – eine Kontrolle im Nachhinein.

Die ursprüngliche Verbindung des Ich mit dem Körper geschieht durch die Ausdrucksgebärden. Alles andere, was man am Kleinkind an Reaktionen beobachten kann, gehört in das Gebiet des Empfindungsleibes, eines fühlenden Automatismus, der die biologischen Prozesse gemäß dem Fühlen steuert, ohne bewusstes Eingreifen. Das vegetative Nervensystem ist sein leiblicher Ausdruck. Empfinden wir zum Beispiel Gefahr, so verändern sich die Chemie des Blutes und des Gehirns, der Puls, der Blutdruck und anderes.

Der erste Wille in der Entwicklung des Kindes und der Menschheit ist der empfangend-nachahmende Wille; der zweite der Ausdruckswille, der dritte der Zweckwille.

Der erste Wille wirkt im Kleinkind, in der ganz frühen Menschheit und in den Augenblicken der Genialität. Der zweite Wille in seiner Doppelfunktion kann unterschiedlich verwendet werden. Er kann vom Ich aus rein kommunikativ – das heißt kreativ – wirksam sein, er kann aber im Sinne der Egoität auch missbraucht werden. Der dritte Wille ist immer körperlich und dient der Nützlichkeit oder der Arbeit. Arbeit muss seit dem Sündenfall sein, der Körper ist nicht bloß Zeichen für wechselnde Bedeutungen, als Ausdrucksorgan, sondern hat auch Bedürfnisse, und diesen gilt alles, was als nicht-kommunikative Tätigkeit dem Menschen obliegt. Der Arbeitswille kann sich «besänftigen», sich dem Ausdruckswillen nähern, indem die Bewegungen rhythmisch und mit Musik oder Singen begleitet werden oder eine Fantasietätigkeit parallel zu den Arbeitsbewegungen stattfindet. Durch das Vorstellen des Erfolges können körperliche Leistungen angeregt werden, die ohne das Vorstellungsbild unmöglich wären. Durch diese Maßnahmen versucht der Mensch, dem harten Willen eine Bedeutung zuzuschreiben, ihn dem sanften Willen ähnlich zu machen. Wir kommen darauf noch zurück.

Es gibt in allen drei Bereichen, dem des Denkens, des Fühlens und des Wollens, mehr oder weniger feste Formen, meistens eine Mischung aus den drei Seelenfunktionen. So ist in jeder Form von Sucht der Akt der Befriedigung immer mit einer Vorstellung am Anfang verbunden; diese ruft die Erinnerung an den Genuss im Fühlen wach, wodurch der Willensimpuls hervorgerufen wird, den vorgestellten Akt auszuführen. Weil die Sucht in der Wiederholung des Aktes besteht, werden die Formen immer fester und lassen sich immer schwerer auflösen.

Gedanken über den Willen
in den Aufmerksamkeitsübungen

Jegliche Übung ist Willensübung, so auch die Konzentrationsübung (Denken / Vorstellen). Ziel ist es, den Willen in die Übung hereinzunehmen, sodass er die Übung nicht von außen will. Der Übungsweg fängt mit den Denk-/ Vorstellungsübungen an, weil nur diese innere Tätigkeit autonom ist. Man fängt diese Übungen gewöhnlich nicht um ihrer selbst willen an, sondern «damit» … Dann ist der Wille noch außerhalb des Übens. Solange das so bleibt, wird das Üben eine unangenehme, wenn auch selbst gewählte Pflicht sein. Bei schöpferischen Tätigkeiten ist der Wille innerhalb, dadurch wird die Tätigkeit zur Freude – das Tun, nicht das Ergebnis. Diese Wandlung kann auch bei den Bewusstseinsübungen geschehen, wenn die Konzentriertheit eine gewisse Intensität erreicht, wenn das Denken / Vorstellen so intensiv wird, dass die Aufmerksamkeit größtenteils in das Tun fließt. Das ist am Anfang gar nicht der Fall.

Das Erscheinen der Freude ist zugleich der Übergang in die improvisierende Tätigkeit der Aufmerksamkeit. Das bedeutet, dass das Erinnern immer mehr zurücktritt und dem Hier und Jetzt Raum gibt, wo jeder Gedanke und jedes Bild sich in Denken und «Bilden», ins Prozesshafte gewandelt haben, auch wenn *nachträglich* festgestellt werden kann, dass sich das Improvisierte *im Inhalt* nicht beträchtlich von vorangehenden Übungen unterscheiden lässt. *Reinigung* bedeutet, sich auf die Objektlosigkeit einer Fähigkeit zuzubewegen, sodass sie mehr oder weniger ohne Objekte bestehen kann; und Objektlosigkeit bedeutet empfangende Aufmerksamkeit, den umgekehrten Willen, eine Aufmerksamkeit, die leer und doch konzentriert ist. Solange die unterbewussten Gedanken-, Gefühls- und Willensformen stark sind oder überhaupt existieren, werden sie als Assoziationen in das Bewusstsein dringen, wenn dieses zu früh, das heißt in einem Stadium, da es noch nicht rein genug ist, danach strebt, leer zu werden. In den Aufmerksamkeitsübungen ist nach einem gewissen Punkt nichts mehr zu erstreben, es geht nur darum, zuzulassen, dass *es* komme. Dieser Punkt ist schwer zu beschreiben oder zu bestimmen; sein Charakteristikum ist, dass die Aufmerksamkeit, ohne es zu «wollen», beim Thema bleibt oder dass die Konzentriertheit von sich aus zu wachsen beginnt. Dies hat zur Bedingung, dass ein gewisser Grad der Identifizierung mit dem Thema erreicht wird, eine gewisse Ausschließlichkeit und Tiefe der Aufmerksamkeit im Thema, ähnlich wie es passieren könnte, wenn sich die Aufmerksamkeit in ein interessantes, anziehendes Thema versenkte. All dies sind nur verschiedene parallele Beschreibungen desselben erreichten Zustandes. Je intuitiver *und* reiner die Aufmerksamkeit wird, umso mehr wird der Wille ins Denken hereinziehen. Das Denken aber löst sich im erkennenden Fühlen auf: Der Wille zieht jetzt in dieses Fühlen. Wächst die Intensität der Aufmerksamkeit weiter, verwandelt sich das Fühlen in Wollen – in den empfangenden Willen, der dann wie von außen prägbar ist: in der Meditation von dem, was hinter der nächstliegenden Bedeutung des Gedankens, des Bildes, des Naturgegenstandes und so weiter als höhere Bedeutung zu erfahren ist.

Intensität und Reinheit scheinen in Bezug auf die Aufmerksamkeit zunächst Gegensätze zu sein. Gewöhnlich kann intensive Aufmerksamkeit im Hinblick auf ein Thema auftreten. So ist es auch in den Aufmerksamkeitsübungen bis zum kritischen Punkt des Sich-identisch-Erlebens mit dem Thema. Von da ab wird das Tun – der Prozess der Aufmerksamkeit – immer interessanter, weil es erfahren wird. Damit wird der erfahrene Aufmerksamkeitsstrom auch immer reiner. Der Strom mündet in das Thema ein, aber die Erfahrung findet schon vor diesem Einmünden statt, das heißt, eine immer reinere Aufmerksamkeit wird erfahren.

Besinnung / Meditation 26: Die Identität nährt die fließende Aufmerksamkeit.

66

Willensübungen

29. Übung

Die zweite Nebenübung[19] beschäftigt den Willen. Sie besteht darin, dass man zu einem im Voraus bestimmten Zeitpunkt eine körperliche Tat ausführt, die «überflüssig» ist, das heißt, man würde sie aus irgendwelchen anderen Gründen nicht vollführen – sie ist nicht nützlich. Beispielsweise zieht man seinen Ring vom Finger und zieht ihn wieder an oder man schreitet diagonal durch das Zimmer und zurück. Am besten ist es, täglich den Zeitpunkt des Tuns für den nächsten Tag festzulegen, eventuell auch die zu verrichtende Tat, sie kann aber dieselbe bleiben, solange sie nicht routinemäßig vollzogen wird.

Wie jede Übung, ist auch diese mit konzentrierter Aufmerksamkeit auszuführen. Das bedeutet, dass man ihren Verlauf immer bewusster verfolgt. Dass die Tätigkeit keinen praktischen Zweck hat, verhilft dazu, denn auf diese Weise ist die Aufmerksamkeit nicht unter Leistungsdruck, sie kann sich ganz dem Vorgang widmen. Durch die Konzentriertheit wird auch beim wiederholten Tun jeglicher Automatismus, jede routinemäßige Bewegung ausgeschlossen: Man plant und kontrolliert die kleinsten Einzelheiten im Ausführen. Je konzentrierter die Aufmerksamkeit wird, umso mehr wird alles Geschehen im Bewusstsein durchsichtig erlebt: Der wahre Zeuge wird immer mehr gegenwärtig. Wir kommen zu der Erfahrung: Wachheit, Bewusstheit, Aufmerksamkeit ist Wille. Je mehr der kleine Willensakt erfahren wird, umso mehr wächst das Empfinden: Der Wille, der die Hand, die Körperteile bewegt, ist nicht der Wille des Körpers, urständet nicht im Körper, ist eigentlich auch nicht *mein* Wille, ich lenke ihn nur auf den von mir gewählten Bahnen. Damit nähert sich seine Qualität derjenigen des Ausdruckswillens an: Das Tun erhält Sinn, Bedeutung. Das ist unabhängig von dem Inhalt des Tuns: Ob ich einen Knopf aus- und dann einknöpfe oder auf dem Schreibtisch einen Gegenstand von einem Platz auf einen anderen rücke, ist belanglos. Der Sinn des Tuns ist schwer zu beschreiben, aber er lautet etwa: Ich nehme den Willen durch bewusstes Lenken in Verwaltung, ich verwalte die Willenskraft, die eigentlich nicht mir gehört. Damit fügt sich der Mensch bewusst in die geistige Struktur der Welt ein, ohne seine Selbstständigkeit oder Freiheit zu verlieren.

Zwischenbemerkung

Die Reinigung des Willens beginnt damit, dass wir mit dem Willensakt keine anderen Zwecke verfolgen, wir lassen ihn um seiner selbst willen geschehen. In *diesem Sinne* ist jede Übung Willensübung. Je intensiver die Aufmerksamkeit beim Üben ist, umso «intelligenter» wird der Wille, er muss nicht von außen, durch Vorstellen oder Denken, geführt werden – wie es beim harten Willen der Fall ist –, sondern das sonst außerhalb seiner liegende leitende Element zieht in den Willen ein, löst sich in ihm auf. Was beim Schaffen spontan geschieht, kann durch diese Art von Willensübungen leichter und deshalb öfter vorkommen. Auf diese Weise erscheint in den menschlichen Schöpfungen das Kosmische als allgemeiner Zeit- und Kulturimpuls und zugleich das Individuelle des Schaffenden in der Lenkung und Formgebung der impulsierenden Kraft. In jeder Schöpfung ist Anfang, das heißt, sie ist nicht kausal bedingt, folgt nicht aus etwas anderem, ist keine Fortsetzung, ist völlig autonom. In der Meditation kulminiert die menschliche Freiheit, die Autonomie des Willens.

Im Schöpferischen ist in jedem Fall eine Rückkehr zum ursprünglichen, das Empfangende unmittelbar nachahmenden Willen zu bemerken. Diese Einsicht hilft die Übungen zu finden, die zum schöpferischen Leben verhelfen. Der erste im Menschsein gegebene Wille, der empfangende und reproduzierende, hat sich gespalten: Das Empfangen und das Produzierende haben sich getrennt. Zwischen ihnen, in der entstandenen Lücke kann sich das

Individuelle betätigen, indem es das Empfangene individualisiert in die Schöpfung leitet. In dieser Lücke ist der Ort der Freiheit. An Michelangelos Darstellung, wie Gott den Adam erschafft (Sixtinische Kapelle), ist dieses Freiheitsintervall zwischen den zwei Zeigefingern Gottes und Adams zu sehen: Sie zeigen aufeinander, berühren sich aber nicht.

Nur der schöpferische Wille ist autonom, jeder andere wird von außen, von außerhalb des Willens angeregt. Daher ist der von außen angeregte Wille in zweifacher Hinsicht kein eigener Wille. Wir kommen zu der Erfahrungseinsicht, dass wir nicht bloß ohnmächtig sind, Naturgegebenes zu schaffen, sondern dass wir auch das Denken, Fühlen und Wollen nur verwalten. «Es denkt, es fühlt, es will» wird durch die Willensübungen Erlebnis.

Die Übungen in Buddhas Achtgliedrigem Pfad sind gewohnheitsauflösende Übungen; wir versuchen in ihnen *übungsweise* mit stets gesteigertem Bewusstsein auszuführen, was wir im Alltag meistens gewohnheitsmäßig, das heißt nicht mit vollem Bewusstsein, tun. Selbstverständlich sind diese Übungen alle auch Willensübungen und größtenteils soziale Übungen. Gewohnheiten enthalten immer die drei Komponenten Denken, Fühlen und Wollen in einem festgefrorenen Konglomerat. Das Fühlen trägt die Farbe des Für-mich-Guten, das Denken / Vorstellen gibt die Form, und der gefangene Wille liefert die zwingende Treibkraft.

Alle Willensübungen sind anfänglich Beispiele des zweckgebundenen Willens, weil am Ausdruckswillen als Willensbetätigung nichts zu üben ist. *Das Ziel der Willensübungen ist die allmähliche Umwandlung des harten Willens in den sanften.* Das ist auch bei der Konzentrationsübung so, da wir meistens auch diese innerliche Betätigung mit dem harten Willen zu lenken versuchen. Da der Wille bei einer Übung immer eine zentrale Rolle spielt, kann jede Übung als Weg zum sanften Willen aufgefasst werden. Dieser ist der ursprüngliche Wille des Menschen-Wesens.

30. Übung: Entspannung

Der sanfte Wille ist entspannt. Entspannungstechniken gibt es viele, und fast alle arbeiten mit einer Konzentration der Aufmerksamkeit auf «Körperteile». Die Anführungszeichen bedeuten, dass wir nie auf den Körper selbst achten, sondern auf eine Empfindung, die den ganzen Körper umhüllt und auch die Teile bedeckt, die innerhalb der Haut liegen. Nichtsdestoweniger wirken diese Übungen glättend auf die Empfindungshülle, indem sie in ihr die Krämpfe, Knoten, Stauungen auflösen oder mildern. Letztere kommen durch seelische, egoistische Gefühlserfahrungen zustande und können sich leicht auf den Körper oder die Körperteile übertragen.

Wenn man sich mit der Empfindung auf einen Körperteil zu konzentrieren versucht, bemerkt man bald, dass auch dies schon nicht mit dem harten Willen zu erreichen ist, der müsste nämlich durch Denken / Vorstellen gelenkt werden, und man kann eine Empfindung nicht denken oder vorstellen – man muss sie kommen lassen. Erreicht man, dass sich die Empfindung von einem Körperteil einstellt und kann man diese halten oder / und sie durch «zulassende» Aufmerksamkeit intensivieren, dann durch die verschiedenen Körperteile wandern lassen und endlich versuchen, den ganzen Körper zugleich zu empfinden, dann dämmert langsam die Wirklichkeit des Erfahrenden oder des Beobachters, des Zeugen auf – das verborgene Ziel aller Aufmerksamkeitsübungen, die auf den Körper gerichtet sind. Wer die Empfindungen beobachtend erfährt, ist in sie nicht involviert, entmischt sich allmählich aus dem zunächst fast zwingenden Identitätsgefühl mit dem Körper. Wie auch immer diese Entmischung des Selbst, seine Herauslösung aus dem Denken, Fühlen, Wollen erfolgt, in diesem Selbst wird die wahrhaftige Entspannung erreicht. Parallel zu diesem Weg des Selbst-Werdens tritt der entspannte, sanfte Wille mit wachsender Intensität auf. Solange das Ego-Ich in den seelischen Spannungen mit engagiert ist, werden die Entspannungstechniken nur zeitweilig wirken. Bei Entspannungsübungen zu künstlerischen Tätigkeiten ist es anders; da bewirkt das Element der betreffenden Kunst, in die man eintritt, dass die Entspannung Dauer hat: so lange wie die künstlerische Tätigkeit dauert.

Übungen zum sanften Willen

31. Übung: Sprechen

Je bewusster wir sprechen – die Bewusstheit bezieht sich auf den Inhalt der Rede –, umso mehr scheint das Denken dabei tätig zu sein. Das logische, dialektische, rationale Denken hat eigentlich die erzieherische Aufgabe, im Individuum und in der Menschheit das assoziative, subjektiv gefärbte Irrlichtern des vom Unterbewussten beeinflussten Bewusstseins zu korrigieren, es zurückzubringen zum intersubjektiven, wenn auch abstrakten, toten, mechanisierbaren Denken. Das ist das begriffliche, von Begriff zu Begriff schreitende folgernde Denken. Wie aber vorangehend beschrieben worden ist, kann das Denken darüber hinaus zu einer mehr intuitiven, begriffsbildenden Tätigkeit erzogen werden, und das Sprechen kann dann aus dieser Quelle fließen und genährt werden. Das kann zunächst für kurze Zeitstrecken im Sprechen gelingen; die Möglichkeit hängt wiederum von der Konzentriertheit des Bewusstseins, der Aufmerksamkeit ab. Ist die Konzentration auf das Thema der Rede gerichtet, so werden die störenden Komponenten des Ego-Ich, die Nebengeräusche der Eitelkeit, des Recht-haben-Wollens und so weiter immer leiser, bis sie gänzlich verschwinden. Tritt das ein, so fließt das wortlose, übersprachliche Denken ungehindert und nimmt auch intuitiv im Erklingen die entsprechendste Form an. Hier wird es besonders klar, dass die Konzentriertheit eine moralische Qualität ist.

32. Übung: Erinnern

Eine Erinnerung kann nur durch den sanften Willen in das Bewusstsein gehoben werden: Man lässt die Bilder, die Gedanken, die Gefühle von «Damals» heraufkommen. *Eine* einzelne Erinnerung gibt es gar nicht, es ist immer ein zusammenhängendes Gewebe von verschiedenen Seelenqualitäten. Sie werden umso lebendiger und wirklichkeitsgesättigter, je mehr wir das «Geschehen-Lassen» ausüben können; nur die Richtung, in der wir etwas zu erinnern beabsichtigen, wird von dem wählenden Willen angegeben.[20] Dass der lenkende Wille und das Erinnern selbst verschieden sind, bemerken wir nur, wenn wir mit dem Heraufholen Schwierigkeiten haben: Durch den Willen, der «weiß», was zu erinnern ist, können wir mit Sicherheit entscheiden, ob das Wort (der Name und so weiter) das «richtige» ist.

Die Übung besteht einfach darin, dass wir versuchen, Szenen, Geschehnisse, Bilder aus der Vergangenheit in unser Bewusstsein zu holen. Zunächst wählen wir mehr statische Bilder aus der nahen Vergangenheit, wie das Bild eines Zimmers oder einer Landschaft. Wir lassen das Bild erscheinen, so genau und so gefühlvoll wie möglich. Mit «Gefühl» ist nicht so sehr unsere Gefühlsreaktion, sondern eher jene Gefühlsfarbe gemeint, welche das Bild ausstrahlt – soweit sich beide voneinander unterscheiden lassen. Daher ist es auch angebracht, erst ein globales Bild heraufzuholen und dann eventuell die Einzelheiten «anzuschauen».

Bei den Erinnerungsübungen soll die Überzeugung helfen, dass *alles* erinnerbar ist, was wir erlebt haben; eigentlich auch Begebenheiten, die wir nicht bewusst erlebt haben, bis zur «großen Erinnerung» in tiefer Meditation (siehe dazu S. 88 und 96 ff.).

Die «mechanischen» Erinnerungsübungen, die oft zur Stärkung des Gedächtnisses empfohlen werden (Wiederholung von unzusammenhängenden Wörtern oder Zahlen), verwenden den harten Willen und sind weder für ein organisch, aus dem erkennenden Fühlen arbeitendes Gedächtnis noch für die Anerziehung des sanften Willens förderlich; im Gegenteil – sie wirken sich nachteilig aus.

Haben wir uns in das Erinnern von *statischen Bildern* aus der nahen Vergangenheit eingeübt, so können wir versuchen, *Prozesse, Geschehnisse* wachzurufen – wieder zuerst aus der nahen Vergangenheit. Danach folgen statische, später prozesshafte Erinnerungen aus fernerer Vergangenheit. Zunächst ist es ratsam, sich an Bilder und Geschehnisse zu erinnern, in die man nicht involviert ist. Je mehr wir damit in fernere Zeiten rücken, umso mehr laufen wir Gefahr, die Erinnerungen mit unserer Fantasie zu vermischen. Wenn wir bei den ersten Übungen mit Bildern aus der nahen Vergangenheit auf den Wirklichkeitscharakter der Erinnerungen achten, werden wir bei solchen, die weiter zurückgreifen, wirkliches Erinnern von Fantasie unterscheiden können. Fantasie-Elemente sind stets beweglicher und im Vergleich zu Wirklich-Erinnertem leicht wandelbar.

Diese unegoistischen Erinnerungsübungen liefern dem Übenden die Möglichkeit, den Vorgang des Erinnerns immer tiefer zu erfahren, da das Ergebnis keine Zielsetzung ist. Es wird auch zur Erfahrung, dass allein der sanfte Wille wirksam ist, und man erhält einen «Geschmack» von diesem Willen, wodurch er in verschiedenen Situationen immer mehr erreichbar und verwendbar wird.

Wir können uns im Prinzip an alles erinnern, was wir erlebt haben. Unser Aufmerksamkeitsorganismus – das Ich im Denken, Fühlen, Wollen – hat beim Erleben einer Gegebenheit eine gewisse innere Bewegung ausgeführt: In irgendeinem Maße wurde er mit der Gegebenheit identisch, wurde er das Erlebte. Im Erinnern wiederholt dieser Organismus so gut wie möglich dieselbe Gebärde. Weil beim Erleben die Bewegung nicht bewusst gewollt war, sondern durch den empfangenden Willen geschehen ist, kann diese

«Anpassung» an die Erfahrung durch den harten Willen nicht wiederholt werden: Wir können nur durch innere und wenn möglich ungestörte Stille die Wiederholung geschehen lassen.

In den Erinnerungsübungen werden Bilder und Geschehnisse verwendet, die aus dem Erleben unseres jetzigen irdischen Daseins stammen. Von der Möglichkeit eines «Erinnerns» darüber hinaus – des Großen Erinnerns – wird im Kapitel «Das geistige Wesen des Menschen» die Rede sein.

33. Übung: Nachahmen

Die «Nachahmungsfähigkeit» des Kleinkindes beruht auf dem ursprünglichen empfangenden und reproduzierenden Willen, dem Urwillen. Wenn der Erwachsene jemanden oder etwas nachahmen will, so muss er diesen Willen in sich erwecken. Das tut auch jeder, der gut nachahmen kann, wie zum Beispiel Schauspieler.

Das bewusste Nachahmen einer Bewegung ist in dem gleichen Sinne ein kleines Wunder wie die schon erwähnte Nachahmung von Lauten oder Wörtern. Denn die Sinneswahrnehmung der Bewegung als physischer-physiologischer Prozess hat keine Ähnlichkeit und kein Verhältnis zu den reproduzierenden Bewegungen der Körperteile. Dass wir bei der Bewegung eines Armes die Bewegungsform durch das Sehen und den Bewegungssinn vernehmen – im Unterschied zum Hören, bei dem wir die Bewegung der Sprachorgane sinnlich nicht erfassen –, hilft an sich den Muskeln nicht, enthält für sie keine Information für das Reproduzieren des Gesehenen. Offensichtlich machen die Bewegungsorgane schon beim Sehen die Bewegungen leise mit, wie die Stimmbänder und die Kehle beim Hören.

Ein guter Nachahmer eines Menschen geht aber gar nicht vom Gesehenen oder Gehörten aus – dieses dient nur dazu, den Willen zu erfassen, der in der sichtbaren Bewegung oder im Hörbaren in Erscheinung tritt. Daher braucht der Nachahmer gar nicht alles an dem Menschen, den er nachahmen will, beobachtet zu haben: Wird das Willenswesen erfasst, dann «weiß» man, wie der Mensch lächelt, gestikuliert, schreitet und so fort. Das erfasst man mit dem Urwillen, der üblicherweise dem Erwachsenen kaum zur Verfügung steht.

Die Nachahmungsübungen fangen mit der äußerlichen Nachahmung an. Man beobachtet eine Bewegung eines Menschen oder eine Bewegung in der Natur und versucht sie zu reproduzieren. Bei der Beobachtung ist der globale Blick geeignet, das heißt wenn möglich der empfangende Wille, nicht das analytische Schauen, mit dem man meistens aus Gewohnheit beginnt. Beim wiederholten Nachahmen tritt immer mehr das Fühlen in den Vordergrund, das die nachahmende Bewegung lenkt; bis später durch die wachsende Identifizierung mit dem «Beobachteten» der empfangende Wille erscheint. Da man mit dem harten Willen nicht nachahmen kann, sind diese Übungen geeignet, den sanften Willen zu stärken.

34. Übung: Lesen

Beim Lesen einer Buchstabenschrift werden zunächst statische räumliche – hier wohl flache – Formen in Hörbilder umgesetzt.[21] Das ist die Vorbedingung zum Lesen. In Wirklichkeit lesen wir die zeitlichen Lautformen zu Wörtern, diese zu Sätzen und die Sätze zu größeren sinnvollen Einheiten zusammen; und diese sind es, in denen die Sätze, Wörter, Laute – in dieser absteigenden Reihenfolge – ihren Ursprung gehabt haben. Wir lesen diese Elemente auch beim Hören einer Rede zusammen.

Bei einfachen informativen Texten haben wir keine Verständnisschwierigkeiten. Umso mehr bei anspruchsvollen Texten, die neue Gedanken darstellen und solche auch anregen. Dieser Anregung müsste genüge getan werden, sonst haben wir das Gefühl, etwas verpasst zu haben. Solche Texte kann man nur langsam und mit dem sanften, in diesem Fall empfangenden Willen lesen. Als Beispiel für solches Lesen diene ein Text aus dem postumen Werk von Thrasybulos Georgiades, *Nennen und Erklingen* (Göttingen, Vandenhoeck & Ruprecht, 1985, S. 55):

«Das den Menschen Ausmachende wollen wir Nous nennen. Mein Thema ist, wie sich der Nous betätigt und wie er zu ‹Werk› kommt. Der Nous betätigt sich, indem er merkt. Was bemerkt er? Zweierlei: Das Währen und das Dinghafte. Das Währen dringt in ihn ein. Das Dinghafte bleibt draußen; es ist und bleibt ein Außen. Das Währen dringt so sehr in den Nous ein, dass Nous ohne Währen nicht zu denken ist. Das Währen konstituiert den Nous. Doch ist der Nous nicht identisch mit dem Währen. Das ist sein Anker, der Boden, auf dem er ruht, das Element, in dem er lebt und webt, und von dem er durchdrungen ist.»

Die Übung besteht darin, dass der Lesende sich über die Sätze – einen nach dem anderen und dann alle oder einige in ihrem Zusammenhang – besinnt. «Das den Menschen Ausmachende», der Nous, ist die spezifische menschliche Aufmerksamkeit oder Wachheit (englisch: awareness), die sich auf alles richten kann, auch auf Dinghaftes. Dinghaft ist alles, was als Fertiges, fest Gestaltetes dem Nous erscheint: Objekte also, seien es mit den Sinnen wahrnehmbare Dinge oder Gedanken, Gefühle, Fantasiebilder. Das Währen wird nicht als Objekt erfahren, wie auch der Nous nicht. Eigentlich stammen die Schwierigkeiten des Verstehens im Hinblick auf Bewegungen daher, dass der Nous nur Dinghaftes scharf sichten kann, die Bewegung aber würde auch das Erfahren des Währens erfordern, sollte es wirklich verstanden werden. Und doch wird das Währen an Veränderungen, Bewegungen dumpf, unscharf erfahren. Die Aufmerksamkeit oder Wachheit erfährt man auch nicht, immer bloß ihre Objekte – dinghaft …

Die Besinnung auf die zitierten Sätze kann sehr lange fortgesetzt werden. Während wir uns besinnen, ist der sanfte Wille tätig. Auf dieselbe Weise kann man das *Lernen* für die Zeit des Übens verlangsamen und verinnerlichen, so zum Beispiel, wenn man Mathematik und/oder naturwissenschaftliche Fächer studiert. Diese

Art des Lesens und Lernens ist Bestandteil einer Einstellung: der Verlangsamung des Lebens.[22]

Sprechen, Nachahmen, Erinnern, Lernen, Lesen sind Bewusstseinstätigkeiten, für die der sanfte Wille zuständig ist, bei denen der harte Wille zum Hindernis wird. Die nachfolgend dargestellten Übungen sprechen beispielsweise Tätigkeiten an, für die der harte Wille zuständig ist, versuchen aber, ihn zum Ausdruckswillen hin zu verändern.

35. Übungen mit dem Körper

Körperliche Arbeitsprozesse werden üblicherweise mit dem harten Willen getan. Ist die Arbeit rhythmisch oder rhythmisierbar, so ist das Einführen und Einhalten eines Rhythmus bekanntermaßen hilfreich für die Arbeitenden. Die vielen Lieder, die es zu einzelnen Arten der Arbeit gibt, deuten in diese Richtung; ebenso jede Art von Fantasietätigkeit, durch welche die Arbeit begleitet wird. Durch solche «begleitenden» Ergänzungen nähert sich die Tätigkeit der sanften Willensaktivität an. Es ist, als ob sich die Sachlage umkehrte: Das Lied, der Rhythmus, das Fantasiegeschehen wären die Hauptsache und die körperliche Arbeit die Begleitung. Die Aufmerksamkeit muss teilweise bei der Arbeit bleiben, zum Beispiel beim Jäten; teilweise aber ist sie bei dem Singen oder dem vorgestellten Geschehen. Jegliche körperliche Arbeit kann auf diese Weise umfunktioniert werden und geht dadurch leichter, weniger ermüdend und effektiver vor sich.

Das Vorstellen spielt auch eine große Rolle bei sportlichen Tätigkeiten, was ganz besonders beim Springen und im Langlauf wirksam ist. Beim Zen-Bogenschießen werden bekanntlich der sanfte Wille und die vorstellende Aufmerksamkeit angewendet. Damit nähern wir uns einem Übungsgebiet, das ursprünglich therapeutisch gemeint war, später in den japanischen Kampfkünsten angewendet wurde. Einige Übungen aus Ki-utsu sollen als Beispiele dienen. In ihnen zeigt sich, dass der sanfte Wille auch in körperlicher Hinsicht stärker ist als der harte und dass das Vorstellen dabei eine zentrale Rolle spielt.

36. Ki-Übungen

A. Diese Übungen werden zu zweit gemacht. Der Partner hält unseren Arm mit zwei Händen fest. Wir versuchen, den Arm durch Muskelkraft zu befreien, was, wenn der Partner stark genug ist – und das sollte er sein – nicht gelingt. Nach mehrfachen erfolglosen Versuchen lenken wir unsere ganze Aufmerksamkeit auf unsere andere Hand oder auf etwas, das wir sehen (Bild, Landschaft oder Ähnliches) oder wir summen – mit ganzer Aufmerksamkeit – ein Liedchen (z.B. O du lieber Augustin …) und befreien, ohne die Muskelkraft zu gebrauchen, unseren Arm. Wenn wir unsere Aufmerksamkeit aus dem festgehaltenen Arm «herausziehen», kann der Partner bemerken, dass wir nicht mehr «dort» sind. Alle diese Übungen gelingen, wenn wir einigermaßen konzentriert sind, das heißt unsere Aufmerksamkeit handhaben können. Wir wenden beim Befreien nicht den gewöhnlichen Willen, der stark mit dem Mich-Fühlen verbunden ist, an.

B. Unser Partner hält einen Stab oder Stock in horizontaler Lage mit beiden Händen vor sich hin. Wir berühren mit der Spitze unseres Zeigefingers das andere Ende des Stockes und versuchen, unseren Partner durch den Stock nach hinten zu drücken, zu schieben. Das wird kaum gelingen. Jetzt stellen wir uns nur auf das eine Bein, den anderen Fuß ziehen wir hoch. In dieser Position den Partner durch Muskelkraft rückwärts zu schieben, ist hoffnungslos, er steht auf zwei Beinen, sodass wir, wenn wir drücken, physikalisch gesehen nach hinten kippen müssten. Wir stellen uns nun vor, dass wir mit dem Zeigefinger, der den Stock berührt, auf etwas hinter unserem Partner zeigen; oder dass er von hinten an seinem Kragen rückwärts gezogen wird. Wir *wollen* ihn gar nicht wegschieben, wir machen nur eine zeigende Gebärde mit dem Arm, wir strecken den Arm gerade – und unser Partner weicht nach hinten. Wir können auch so vorgehen, dass wir unsere Aufmerksamkeit in die andere Hand lenken; überraschenderweise wird der zeigende Arm unvergleichlich stärker.

C. Der Partner steht vor uns, wir versuchen, ihn mit unserem Arm und der Hand seitwärts wegzudrücken, zunächst mit Muskelkraft. Er leistet Widerstand, das Unterfangen ist offensichtlich physikalisch schwierig. Nun stellen wir uns eine leichte Seitwärtsbewegung mit dem Arm und der Hand vor, zum Beispiel so, als wollten wir trockene Blätter von einem Tisch fegen. Der Partner wird seitwärts kippen oder muss weichen.

Bei diesen Übungen ist es anfänglich wichtig, die Aufgabe erst immer mit dem harten Willen zu versuchen. Damit sammeln wir unsere ganze Egoität, das Mich-Fühlen konzentriert sich auf diese Stelle. Es verlagert sich mit der Aufmerksamkeit auf die andere Hand (oder woandershin), und der Arm, mit dem wir etwas unternehmen, gewinnt die ursprüngliche, egoitätsfreie Willenskraft zurück.

Diese und viele andere Ki-Übungen dienen vor allem dazu, mit dem «Geschmack» des sanften Willens im Körper vertraut zu werden. Nach einigen, eventuell zahlreichen Übungen wird man die sanfte Bewegungsweise auch ohne Vorstellungen hervorrufen und anwenden können. Aus diesen Erfahrungen kann die Ahnung auftauchen, dass der ursprüngliche menschliche Wille der Ausdruckswille ist und dass der harte Wille deswegen schwächer ist, weil das Mich-Empfinden – als Grundlage der Egoität – den ursprünglichen Willen beschattet, wie abdämpft.

Zwischenbemerkung

Wenn man die Konzentrationsübung (Übung 7) über das zweite Ich-bin-Erlebnis hinaus weiter verfolgt, das heißt die Intensität der Aufmerksamkeit noch weiter steigert, dann bleibt das Selbst oder Selbstbewusstsein bestehen, aber es wandelt sich allmählich in ein Willensbewusstsein. «Ich bin Wille» wäre der meditative Ausdruck dafür. Die bildliche Skizze des Vorganges sähe so aus:

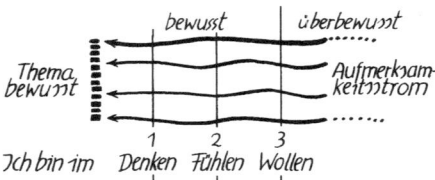

Der Prozess hat über 3 hinaus keine Grenzen.

Die menschenkundliche Genealogie der Willensarten kann anhand des Geschilderten so zusammengefasst werden:

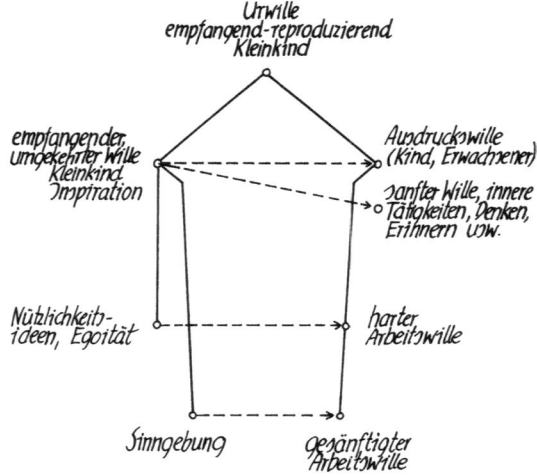

Vierter Auftakt

Wir wissen nicht … wir merken kaum, wie reichlich wir beschenkt sind. Denn überall dort, wo wir nicht wissen, wie zustande kommt, was wir tun, ist Beschenktsein. Zu denken, zu fühlen, zu wollen – im erkennenden und schöpferischen Sinne –, auf das Verstehen, auf das Gute gestimmt zu sein (sonst wüssten wir nicht einmal, was das Für-mich-Gute ist), Sinne zu haben, im Licht zu leben, reflektieren zu können, eine universelle Aufmerksamkeit zur Verfügung zu haben – haben wir etwas dafür getan, gearbeitet? Also ist das alles Geschenk und dadurch die ganze objektive Welt. Woher? Von wem? Warum? Wozu? Warum ist so viel Elend und Bitternis in der Menschenwelt, wo wir doch so reich beschenkt sind?

IV.
Das geistige Wesen des Menschen

Der kosmische Hintergrund des sanften Willens

Was «den Menschen ausmacht» – um Thrasybulos Georgiades zu zitieren –, ist seine Aufmerksamkeit, sein geistiges Wesen. Unter «geistig» verstehen wir ein Zweifaches: Was geistig ist, ist stofffrei und bedeutungsvoll. Bedeutungen sind stofffrei,[23] und deswegen sind auch das Verstehen und der Verstehende stofffrei.

Besinnung / Meditation 27: Aus dem Dreieck wird ein Tetraeder, wenn das wahre Subjekt die drei Ecken wie von oben zugleich erfahren kann.

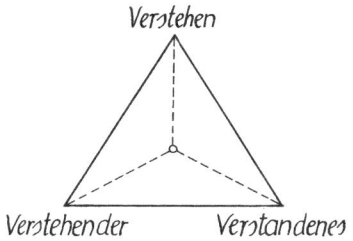

Was stofffrei ist, ist raumlos und zeitlos. Das geistige Wesen des Menschen, raumlos, zeitlos, ist ausgedehnt in der ganzen Bedeutungswelt (Rupa-Welt, unteres Devachan) und auch in der Welt der Ich-Wesen (Arupa-Welt, oberes Devachan), die die Bedeutung schaffen und verstehen.[24] Wäre das geistige Wesen die ganze Wirklichkeit des Menschen, so würde er wie eine Fortsetzung der geistigen Wesenheiten, in völliger Abhängigkeit von ihnen, sein. Das wird dadurch vermieden, dass ein Teil seiner Geistigkeit dem materiellen Körper innewohnt und diesen ursprünglich als sein Ausdruckswerkzeug in der stofflichen-sinneswahrnehmbaren Welt benutzt. Die Funktion dieses Körpers ist es andererseits, den geistigen Menschen, sofern er mit dem Körper verbunden ist, von der geistigen Welt zu isolieren, für ihn ein fester Anker zu werden, damit er dem Bewegtwerden vom Geisteswind Widerstand leisten kann.

Was wir heute «Nachahmungsfähigkeit» nennen, ist ein Rest jener Ureigenschaft des kosmischen Menschen, der noch ein Teil des geistigen Kosmos war. Noch ist das Spiegelbild erfassbar in den archaischen Kulturen, für die alle Verrichtungen, einschließlich der körperlichen, wie Essen, Trinken, Zeugung, Geburt und Tod, sakrale Geschehnisse waren, das heißt Zeichen von Bedeutungen und sinnvoll. Sinn und Bedeutung regierten im Leben, nicht Nützlichkeit und Bequemlichkeit.[25] Alle Arbeiten waren sakral, das heißt sinnorientiert, und deswegen waren die Bewegungen Ausdrucksbewegungen, ausgeführt durch den sanften Willen.

Die Profanierung des Lebens hat mit der Erscheinung der Religionen – als Zeichen – begonnen, in die sich das Sinnvolle zurückzog und wo es weiterlebte, aber nunmehr vom Alltag getrennt. Früher war auch dieser sakral; es hätte hier also keinen Sinn, von Religion oder Religiosität zu sprechen. Der Alltag ist mit der Zeit mehr und mehr in die Sphäre der Egoität und mithin der Nützlichkeit geraten, und das hat auch die religiöse Sphäre ergriffen: Die geistige Macht hat sich mit der weltlichen vermischt. Heute ist das Religiöse an den Rand des Alltags gedrängt, und selbst die Restaurationsbewegungen (Fundamentalismen) sind durchtränkt vom Nützlichkeitsprinzip.

Das «Nachahmen» oder Identisch-Werden, falls es gänzlich geschähe, würde das Erkennen ausschließen, es wäre kein Zeuge da, der, um Zeuge zu bleiben, *nicht* mitgeht, mitmacht. Die Trennung von der geistigen Welt oder Bedeutungswelt reduziert diese «Anpassung» auf ein homöopathisches Maß – abgesehen von der Sprech-/Sing-Sphäre – und macht durch den Anker des physischen Körpers die Unbewegtheit des Zeugen und damit das Erkennen möglich.

Der Mensch war ursprünglich, in der vorhistorischen Zeit, ganz Sinn oder Sinnesapparat,[26] so wie man das heute vom Kleinkind sagen kann. Dieser *eine* Sinn war fähig, ein anderes Ich-Wesen unmittelbar zu erfassen: Das ist der «größte» Sinn auch beim heutigen Menschen. Heute aber ist die Tätigkeit des Du-Sinnes nicht unmittelbar, sondern wird vermittelt durch andere Sinne, wie Denk-, Wort- und Lautsinn, Bewegungssinn (im Wahrnehmen des anderen), Seh- und Hörsinn und durch die verinnerlichte Tätigkeit der anderen Sinne (Gleichgewichts-, Tast-, Wärme-, Geschmacks-, Geruchssinn). Wie die verschiedenen Sinne *heute* wirken, ist das Ergebnis mannigfacher Veränderungen.[27] Insbesondere die aktiven Tätigkeiten sind neu: Der Sprachsinn hat in Urzeiten die Zeichen der Natur oder auch der Göttlichkeit vernommen, so wie auch das Kleinkind sich das Sprechen erst passiv aneignet, wenn es mit der ganzen Aufmerksamkeit verstehen lernt, ohne schon zu sprechen. Die körperlichen Organe für den Du-, Denk- und Sprachsinn sind nicht so eindeutig lokalisierbar wie das Auge für den Sehsinn oder das Ohr für den Hörsinn; sie dehnen sich auf den ganzen ruhenden Körper (Du-Sinn), auf den Lebensorganismus im Stillstand (Denk-Sinn) beziehungsweise auf den Bewegungsorganismus in Ruhe (Sprachsinn) aus. Ein Teil dieser Organismen bewirkt die entsprechende Aktivität: die Kehle als Teil des Bewegungsorganismus das Sprechen; ein Teil des Lebensorganismus das Denken. Das «Ichen» ist noch nicht vollkommen: Alle Stellen des Körpers, an denen Genuss empfunden wird, dienen dieser Tendenz.[28]

Alle diese Veränderungen dienen durch das Mich-Empfinden der menschlichen Verselbstständigung und letztlich als Möglichkeit, sich zum wahren Ich-Wesen, zum wahren Selbst zu entwickeln. Was man Erkenntnisweg, Bewusstseinsschulung, inneren

Weg nennt, ist ein Versuch, den kosmisch gebliebenen Geistesteil des Menschen durch Metamorphose der Egoität, durch Stärkung des Ich-Bewusstseins zu integrieren, das Bewusstsein in den jetzt noch überbewussten Bereich zu heben. Die Stärkung des Ich-Bewusstseins bedeutet, dass es sich immer weniger auf Gegebenheiten (Körperempfindung) zu stützen braucht, um zu sein.

37. Übung: Schweigen

Der Erwachsene kann beobachten, dass in seinem Bewusstsein, wenigstens im wachen Zustand, nie Stille ist. Die Übung des Schweigens fängt damit an, dass der Übende nicht laut spricht. In der Übung der «Richtigen Rede» (eine der Übungen des Achtgliedrigen Pfades) ist das äußere Schweigen dadurch leichter, dass man auf die Rede des Partners achtet.[29] Ist die richtige Rede schon eine sehr anspruchsvolle und unendlich vertiefbare Übung, so ist das Schweigen eine Stufe schwieriger, denn hier hat der Übende keinen Partner, dem er zuhören könnte. Das äußere Schweigen ist nur ein allererster Anfang, der sich nach innen fortsetzen kann und soll. Zwei Züge sollen dabei erwähnt werden: Warum ist es so schwer, die «innere Meeresstille» (Buddhas Ausdruck) herzustellen? Weil wir durch den inneren Dialog unsere gewohnte Welt aufrechterhalten und festigen – mit jedem Denkakt, der durch die Worte einer Sprache geschieht. Wir sind gewohnt, in Worten zu denken, und das nagelt uns an eine Bewusstseinsebene, an die Vergangenheit fest, falls wir nicht bewusst meditativ denken. Die poetischen Texte bilden eine Zwischenstufe zwischen den informativen und den meditativen. Der Gewohnheitsmensch haftet mit allen Fasern an der Vergangenheitswelt, am Alltagsbewusstsein, und will sich von dieser Welt, diesem Bewusstsein gar nicht lösen.

Die Stille des Bewusstseins kann selbstverständlich nicht durch einen Akt desselben Bewusstseins erreicht werden,[30] damit würde sich nur der Inhalt des Bewusstseins ändern. Dass die Bewegung, der innere Lärm stiller wird, kann nur geschehen, indem die Ebene der Bewusstheit steigt: indem man das Wort-Denken hinter sich lässt und das flüssige, wortlose, begriffslose «Denken» einsetzt. Das Bewusstsein muss durch eine Kontinuität von wachsender Stille steigen, bis es zu einem vollkommenen Schweigen gelangt. Man findet diese Kontinuität oft als etliche diskrete Stufen beschrieben.

Solange das Bewusstsein das volle Schweigen – die Leere – nicht erreicht, kann das stets stattfindende leise Flüstern der Geistigkeit durch die überbewusste Geistwesenheit des Menschen nicht vernommen werden. Die innere Stille kann aber auch noch über das vollkommene Schweigen hinauswachsen, in die «negative» Stille, die stiller als Tonstärke Null ist, eine empfangende kelchartige Stille; je tiefer sie ist, umso höhere Inspiration kann vernommen werden. Die Stille, auf welcher Stufe auch immer, braucht in der Zeit nicht lange zu dauern, denn das Zeitlose, das in diese Stille hineinleuchtet, kann in einem Bruchteil der Sekunde unendlich vieles enthüllen. Der Mensch kann das dann jahrelang verarbeiten. Ist die Stille da, kann man sicher sein, dass sich der heilige Geist in ihr einfindet. Diese Überzeugung ist der Hintergrund des stillen Gottesdienstes der Quäker. Es ist auch ein Prüfstein für jegliche Menschengruppe, ob sie zehn Minuten in Stille verharren kann, ohne sich dabei als unangenehm zu empfinden: Vermag sie es nicht, so ist sie keine Gemeinschaft.

Die große negative Stille, das Warten ohne Ziel und Zweck, die Inspiration, die in ihr erscheint, zeigen das Wesen des empfangenden-wiedergebenden Ausdruckswillens. Es wird der Urzusammenhang mit der Geistigkeit durch das ichhafte Durchleuchten der sonst überbewussten Wurzeln des Menschenwesens wiederhergestellt. Dass der Schulungsweg stets durch den gereinigten Willen des Individuums beschritten wird, sichert das Heranbilden oder Erwachen des wahren Selbst.[31] Zugleich ist der Kultus der Stille offensichtlich ein Weg der Reinigung, Bereinigung von allen Inhalten, die schon geformt sind.

Die Erfahrung zeigt, dass Erinnern am besten durch «Lassen», Kommen-Lassen geschehen kann, was die Erfahrungen unseres Lebens betrifft. Nun mag es einem aufgehen, dass man sich auch an etwas erinnern kann, das gar nicht zu den Erfahrungen und Geschehnissen des Menschenlebens gehört, sondern prozessualer Inhalt der zeitlosen geistigen Welt ist; wir nennen das die «große Erinnerung». Bekanntlich ist nach Platon jede Erkenntnis im Hinblick auf die jeweilig konstituierte Welt eine solche Erinnerung; aber die geistige Forschung (siehe Kap. «Forschungsmeditation», S. 96 ff.) geht darüber in allen Richtungen hinaus und kann Wahrheiten «erinnern», die nicht oder nicht mehr zu unserem jeweiligen Weltbild gehören.

Meditation

Was im Schweigen mehr passiv geschehen kann, nämlich dass die Himmel sich öffnen, weil die Seele sich öffnet, das wird in der Meditation auf aktivem Wege verfolgt. Die Meditation besteht in einem Sich-Konzentrieren auf Themen, die eine besondere Eigenschaft haben: Ihr informativer Sinn ist wie ein Schleier, hinter dem eine tiefere oder höhere Bedeutung verborgen liegt. Sichtet man aber diese, das heißt konzentriert man sich auf sie, so entpuppt sie sich ihrerseits als (nächster) Schleier einer noch höheren Bedeutung, und so geht es weiter ohne Ende. Denn einen höheren Sinn zu erfassen ist kein Denken oder Verstehen im gewöhnlichen Sinne, sondern eine Erfahrung. Im Alltagsleben verdecken die Wörter und Begriffe diese Erfahrung; anstatt etwas zu erfahren, greifen wir nach dem entsprechenden bereitliegenden Wort oder Begriff und ersparen uns die Erfahrung. Im Meditieren aber gibt es *nur* Erfahrungen, oder aber es war keine Meditation. Erfahrungen verändern uns – Gedanken oder Verständnisse gewöhnlicher Art nicht oder nur in sehr bescheidenem Maße. Dem – durch die Meditation – Veränderten sagt «dasselbe» Thema beim zweiten Mal etwas anderes als beim ersten Mal. Was bei einer Meditation der höhere Sinn im Erfahren war, wird bei der zweiten zur Form des Schleiers. Beim Meditieren schreiten wir von einer Form durch eine momentane Leere zu einer höheren Form. Alle Formen sind Vorbereitungen zu einem höheren Sinn.[32]

38. Übung: Satzmeditation

«Das Licht ist das Ich-bin: formfrei.»
Der erste Schritt, der das Meditieren vorbereitet, ist die Besinnung, ein konzentriertes, vertieftes Nachdenken über die Worte des Satzes und eventuell auch über die grammatischen Fügungen. Was für ein Licht? Wie kann es mit dem Ich-bin identisch sein? Was heißt «formfrei», und was ist die Funktion der Formfreiheit? Was bedeutet in diesem Satz das Wörtchen «ist»?

Die Besinnung hat drei Funktionen. Erstens wird darin das Denken erschöpft, im Sinne einer Ermüdung und in dem Sinne, dass es die eigene Ohnmacht an dem Satz erfährt. Durch die Besinnung versucht man zu verhindern, dass das Denken sich etwa während des Meditierens zu regen beginnt, wo es schweigen sollte. Zweitens geschieht die Besinnung auf die Wörter und auf den grammatischen Bau des Satzes größtenteils schon im wortlosen Denken, was dann im Meditieren verwendet wird. Drittens kann in der Besinnung eine neue Einsicht kommen, die der beste Einstieg in das Meditieren wird, nicht nur ihrem Inhalt nach, sondern durch die Öffnung, durch welche sie eingeleuchtet hat.

Die Besinnung geht spontan in die *Reduktion* über, in welcher der Satz als eine Einheit erscheint; entweder zieht man die Wörter in ein letztes Wort zusammen, das dann den ganzen Satz repräsentiert; oder man «klebt» die Wörter zusammen, als ob der Satz ein einziges Wort wäre. Durch Geübtsein im Meditieren bildet sich die Fähigkeit, den Satz ohne vorangehende innere Tätigkeit sofort als eine Einheit zu erfahren, auf die sich die Aufmerksamkeit konzentrieren kann – das ist die eigentliche Meditation. Bleibt der

Satz eine Reihe von Wörtern, so kann sich der Mensch nicht auf den Sinn des Satzes konzentrieren.

Wesentlich ist beim Meditieren, alle Assoziationen, alles Denken, alle Zielsetzungen, auch Gefühle auf der Ebene der Sympathie-Antipathie zu «vergessen», indem die Aufmerksamkeit ausschließlich zum Thema wird. Bei genügender Konzentriertheit verliert der Satz – der Sinn des Satzes, der das Thema ist – für einen Augenblick seine gegebene Form, als ob er geschmolzen oder durchsichtig geworden wäre, und eine neue «Form», Einsicht, ein neues Verständnis taucht als Erfahrung auf: Das Licht (im obigen Satz) wird zu einer höheren Form auf der Ebene des reinen, übersprachlichen «Denkens». Kann der Übende in diesem «Denken» verweilen, so ändert sich die Erfahrung und geht in eine nächste Erlebnisstufe ein.

Dieses «Denken» steht dem Bildhaften viel näher als dem alltäglichen Denken. Es kann auch passieren, dass als neue Bedeutung ein Bild erscheint, ebenfalls als «Einsicht». Diese Art von Bild ist jedoch den Vorstellungen oder Fantasiebildern gar nicht ähnlich: Licht und Ich-bin können auf gewöhnliche Art gar nicht vorgestellt werden, es sind lebendige, nicht-statische Bilder, die aus einem Fühlen herrühren. Jedes Bild, selbst geometrische Figuren bestehen aus Fühlen, wenn sich ihre statische Gestalt verlebendigt. Die aufdämmernde Bildhaftigkeit geht in eine fühlende Erfahrung über. Das Fühlen ist schon in den Wörtern «Licht», «ist», «Ich-bin», «formfrei» keimhaft enthalten und blüht in der fortschreitenden Meditation auf. *Dieses* Fühlen hat mit der Lautstruktur der Wörter nichts zu tun, es ist in der Bedeutung der Wörter angelegt.

Auf dieser Stufe, wenn der Satz fühlbar zu werden beginnt, kann der Übende eine zweite, höhere Art der Besinnung im Fühlen anstellen. Man «besinnt» die einzelnen Wörter im Fühlen, dann versucht man, den ganzen Satz als eine lebendige Gefühlsgestalt zu erfahren und, falls das gelingt, sich im Fühlen auf dieses lebendigwebende Gefühlsbild zu konzentrieren. Für diese Gefühlsqualitäten haben wir, wie schon erwähnt, keine Namen, sie sind erkennender Natur und für das Denken schon unnahbar. In der Konzentration auf den ganzen Satz im Fühlen kann die Gefühlsgestalt wieder schmelzen und eine weitere Gestalt im Fühlen aufleuchten.

Hat man den Satz als Gefühlsgestalt erfahren, *dann* leuchten auch die Gefühlsformen der einzelnen Wörter auf. Das «Licht» wird ein Fühlen, die «Form» wird ein Fühlen, und auch «frei» wird zu einem Fühlen im *Zusammenhang* des Satzes. Man erkennt die *Bedeutung* der Wörter als Fühlbarkeiten wieder, in ihrem Ursprung.[33]

Die zweite Stufe des Meditierens geschieht im erkennenden Fühlen. Das Ergebnis ist eine Inspiration. In Wirklichkeit gibt es keine Stufen, sondern einen kontinuierlichen Übergang.[34]

Der Meditierende, wenn er den Satz als Gefühlsgestalt erlebt, erfährt sich selber als eine einzigartige Gefühlsaussage, als Selbst auf der Ebene des erkennenden Fühlens. Aber auch die ganze Welt und das Licht, das die Welt «erleuchtet», zum Erfahrbaren macht, werden zum Fühlen. «Alles ist Fühlen» – das ist die Erfahrung. Dieses Fühlen, das die Welt ist, kann nur durch Fühlen von einem Fühlenden erfahren werden. Die Aufhebung des Getrenntseins, die wir schon auf der Ebene des lebendigen reinen Denkens erfahren haben, wird hier weiter gesteigert: Im Fühlen sind wir auch schon im Alltag nicht getrennt, denn ein Gefühlserlebnis ist kein Objekt, der Erlebende kein Subjekt: Er *ist* das Gefühl.

Auf jeder «Stufe» kann man dasselbe Thema unzählige Male wiederholen, mit jeweils neuen Einsichten, Verständnissen derselben Qualität. So auf der Ebene des reinen Denkens oder des erkennenden Fühlens. Die Erhöhung der Bewusstseinsebene wie auch jegliche «Maßnahmen» innerhalb des Meditierens geschehen am besten «spontan», selbstverständlich nie vom Alltagsbewusstsein aus intendiert; dieses darf sich nicht einmischen in das innere Geschehen, das zugleich kosmisches Geschehen ist, ein Vorgang in der Bedeutungswelt, deren Teil das überbewusste Wesen des Menschen ist. Das allmähliche «Aufwachen» dieses überbewussten Wesens bedeutet ein allmähliches Selbstbewusst-Werden und dadurch Erkennend-Werden in der geistigen Welt, der Welt der Bedeutungen und Ich-Wesen.

Der Wille im meditativen Vorgehen ist immer der sanfte Wille. Man lässt es geschehen – aber dieses Lassen, Geschehenlassen ist die allergrößte Aktivität des menschlichen Wesens. Das immer tiefere Schweigen, damit das Leise vernehmbar werde, das immer ruhigere Nicht-Tun, damit es geschehen könne – dazu wird der sanfte Wille gepflegt und verwendet. Je mehr «mein Wille» zurücktreten kann, desto stärker wird der von außen, von der Sinneswelt, von der Seelenwelt, von der Geisteswelt an uns heranbrandende Wille in allem erfahrbar, was gestaltet ist. Langsam geht die Gefühlsgestalt unseres Satzes in eine Willensgestalt über. *Licht* wird Wille, «Ich-bin», «Form», «formfrei» werden Willensgestalten und auch derjenige, der diese Willensgestalten wahrnimmt, besser gesagt: erlebt. Wille kann nur durch empfangenden Willen erlebt werden, und wer ihn erlebt, wird zu empfangendem Willen: wird formfrei, damit er sich an alle Formen anpassen kann und doch ein formfreies Selbst bleibt. Das ist die paradoxe Grundeigenschaft des Ich-Wesens: alles werden zu können und völlig unverändert zu bestehen. Zugleich fühlt man sich der Quelle des Willens näher, mit ihr nach und nach identisch: Im vollen Verstehen erfährt man das Ich-Wesen, dessen Wille es ist.

Dämmert die Willensnatur des Meditationsthemas auf, dann kann der Übende versuchen, die Wörter des Satzes auf ihre Willensgestalt hin zu «besinnen», um sich nachher in der tiefen Stille des empfangenden, womöglich leeren Willens auf den ganzen Satz als Willen zu konzentrieren. Die Reinigung ist, wie die Aufmerksamkeit, grenzenlos steigerbar. Der Prozess des Bedeutungs-Findens, das Auflösen des Gefundenen als Schleier zum neuen Finden geht endlos weiter: Das ist die Bereicherung der Schöpfung durch Schaffen neuer Bedeutungen. Jede schöpferische menschliche und nicht-menschliche Individualität schöpft aus derselben

Quelle: dem Logos. Und jede Schöpfung ist individuell, individualisiert den Schaffenden, denn man schöpft aus der Quelle kein Fertiges, Gestaltetes. Letztlich wird die Gestalt vom menschlichen Schöpfer gegeben: Daher haben die Schöpfungen auch individuellen Stil.

Der Weg hat kein Ende. Die vollkommene Reinigung – von den sinnlosen Formen, deren Anfang das Mich-Fühlen, die Egoität ist – geht in das Schöpferisch-Gebende, in die zweite, schöpferische Liebe über.[35] In dieser zeigt sich die Logos-Natur in ihrem Wesen, dessen schon Heraklit gewahr wurde: das Wachsen aus sich selbst: Wer gibt, dem wird. Wer mehr gibt, dem wird mehr. Liebe zu verschenken macht die Liebe reicher.

39. Übung: Bildmeditation

Aus der Beschreibung der Satzmeditation wurde ersichtlich, dass die Ureinheit eines Textes der Satz ist; von der Satzbedeutung her werden die Worte, wird die Grammatik «gewählt» – in Anführungszeichen, weil es selten bewusst geschieht. Der Ursprung ist immer die Einheit. Begriffe entstehen durch die selektive Aufmerksamkeit, die sich von der Einheit auf deren Teile gerichtet hat. Dass es Teile gibt, ist schon ein Ergebnis der selektiven Aufmerksamkeit, die immer mit Hilfe des Absehens, des Nicht-in-Betracht-Ziehens von Begebenheiten arbeitet, um immer engere, aber schärfere Begriffe zu bilden.

Beim Meditieren mit Symbolbildern wird dieser Prozess umgekehrt durchlaufen. Wie die Meditationssätze meistens keine gegebenen Wahrheiten ausdrücken, sondern solche, die im Laufe des Meditierens verwirklicht werden,[36] so stellen die Symbolbilder keine Abbildungen von gegebenen Wahrnehmungsrealitäten dar, sondern sind irreduzierbarer Ausdruck von geistigen, meistens zu verwirklichenden Realitäten (irreduzierbar auf andere Ausdrucksweisen, wie Gedanken oder Texte).

Als Beispiel versuchen wir dieses Bild vor uns zu stellen: Eine Wüste, heiß und trocken, und in ihr ein Rosenstock mit einer blühenden roten Rose.

Beim ersten Mal kann man solch ein Bild nicht aus der Erinnerung heraufholen, sondern es nur aus seinen Elementen aufbauen oder sich aufbauen lassen: erst eine Wüstenlandschaft, dann an einer Stelle der aufschießende Rosenstock mit Blättern und einer Knospenbildung, die sich in eine rote Blüte verwandelt. Wenn wir dieses Bild wiederholt als Meditationsthema verwenden, tun wir gut, nicht aus der Erinnerung an früher gemachte Vorstellungen das Bild hervorzurufen, sondern es immer neu, wie beim ersten Mal, und auch mit neuen Einzelheiten aufzubauen. Hier können wir nicht von der Ganzheit ausgehen, wir gelangen im Aufbauen zu ihr. Ist sie erreicht, dann können wir die Elemente besinnen, die Wüste, den Sand, das Steinige, dann das Wachsen der Pflanze und so weiter, wobei die Irrealität der Komposition eine Bedeutung erhält. Nach der Besinnung (Erschöpfung der Begrifflichkeiten) versuchen wir das Bild (wenn möglich ohne Denken) einfach mit einer inneren Fragegebärde zu halten. Wie der Meditationssatz, kann sich auch das Bild als Schleier einer Bedeutung entpuppen. Da jedes Bild aus Fühlen besteht – nur durch die Begriffe wird das verdeckt –, versuchen wir das Fühlen des Bildes zu erreichen. In der Konzentration – wenn sie tief genug ist – kann man lernen, die Wörter, die Begriffe zu verlieren und dann bleibt nur das reine *Das,* die Erfahrung der Bewegung, die zum Begriff führen würde, es bleibt die Identität mit dem reinen Das. Für das Bild gibt es keinen Begriff, sonst wäre es kein Meditationsbild, sondern nur das Bildkleid einer Begrifflichkeit. In der Bildmeditation ist die Erfahrung, die zur nächsten Bedeutung führt, im Fühlen. Im Fühlen können Bedeutungen aufgehen, die in Worte oder Gedanken nicht übersetzbar sind. Das Meditieren, die Meditation wird selbst die aufblühende Rose in der Wüste der Gefühllosigkeit – das ist eine partielle, annähernde Formulierung, auch mit tausend anderen wäre das Bild nicht erschöpft oder adäquat wiedergegeben.

Das Bild und seine Elemente sind offensichtlich durch einen Willen zustande gekommen, und auch sein «Halten» wird durch denselben Willen bewirkt. Je intensiver das Fühlen des Bildes wird, umso mehr metamorphosiert sich dieses Fühlen zum Empfinden des Bild-Willens, der im Bild lebt. Wie durch jeden Willen, nähert man sich seiner Quelle an. Letztlich führt jede Meditation zu einem Wesen und durch dieses zum höchsten Ich-Wesen, aus dem wir im Geiste atmen, zum menschgewordenen Logos.

40. Übung: Wahrnehmungsmeditation[37]

Für die Wahrnehmungsmeditation nehmen wir als Thema immer ein Naturding oder Naturphänomen, dessen Idee oder Bedeutung dem Denken nicht zugänglich ist (im Unterschied zur Konzentrationsübung mit den menschengeschaffenen Gegenständen). In dieser Art der Meditation versuchen wir, das erkennende Fühlen im Wahrnehmen wachzurufen, wie es anfänglich im Blickkontakt aufleuchtet und beim Sehen eines menschlichen Gesichtes funktioniert: Das ist ein globaler Blick, und wir erkennen ein Antlitz wieder, ohne seine Einzelheiten angeben zu können. Mit diesem globalen, empfangenden Blick versuchen wir, zum Beispiel einen Kieselstein, ein Blatt, einen Baum, eine Blume anzuschauen, indem wir alle Begrifflichkeiten, soweit das gelingt, vermeiden. Das bedeutet, dass wir das Denken, das Assoziieren, alles, was «einfallen» könnte, schon weitgehend beherrschen müssten. Wir versuchen, nur auf das Fühlen und den Willen zu achten, die vom Thema ausstrahlen. Wir lassen uns prägen von dieser Ausstrahlung, die im Naturding lebt. All dies geschieht zunächst im Anschauen des Gegenstandes. Durch Üben kann man das erkennende Fühlen so intensivieren, dass man den Gegenstand ohne jegliche Sinneswahrnehmung in seiner Qualität fühlt. So fühlen archaische Menschen, die oft nicht wissen, wie ein Naturding aussieht, weil sie es nicht durch die Sinne wahrnehmen; so fühlen auch diagnostisch manche Geistheiler mit geschlossenen Augen – das Sehen würde das Fühlen nur stören. Was man fühlt, ist eigentlich ein Wille: In der Wahrnehmungsmeditation, wie auch in den anderen Meditationsarten, gehen Denken, Fühlen und Wollen kontinuierlich ineinander über, wobei sich die Naturwirklichkeit schon dem reinen Denken entzieht. Der Kontakt zwischen dem Wahrnehmenden und dem Thema fängt im Fühlen an.

Ist die Ich-bin-Erfahrung durch die aktiven Aufmerksamkeitsübungen erworben, dann kann sie auch in den Wahrnehmungsübungen erreicht werden. Da wird die Aufmerksamkeit dauernd empfangen, lässt sich vom Wahrnehmungsthema prägen, erstarkt und nimmt sich im Geprägtwerden selbst wahr, als Prozess, als Gefühlsprozess, als Willensprozess umgekehrter Natur. In Ausnahmefällen kann das Selbst auch zuerst in intensiven Wahrnehmungsübungen entstehen.

41. Übung: Frage- oder Forschungsmeditation

Alle Mitteilungen der Geistesforscher haben ihre Quelle in der Forschungsmeditation. *Das* heißt: geistige Forschung. Diese Art des Meditierens kann durch Denk-, Bild- oder Wahrnehmungsmeditation geschehen. Das hängt davon ab, welche Ausgangsform der Forschende für seine Frage oder sein Problem wählt. Diese Form (Gedanke, Text oder Bild) ist das Thema seiner Konzentration.

Wir wählen als Beispiel ein psychologisches Problem.

Das erste sinnlose, bedeutungslose Gebilde (d.h. nicht-kommunikative Form) im Menschen ist das Mich-Fühlen, der Kern der Egoität.[38] Das Mich-Fühlen ist zunächst wie ein Mantel, der den ganzen Körper umhüllt. Meistens wird es mit der Empfindung des Körpers verwechselt. Der Körper aber kann vom modernen Menschen ebenso wenig empfunden werden wie ein Stück Holz oder ein Stein. Das erkennende Fühlen könnte die *Bedeutung* des Körpers oder der Körperteile fühlen, aber gerade das ist durch die mich-empfindende Decke verhindert. Das Fühlen, das Empfinden kann nur ein Fühlen, ein Empfinden vernehmen, keine Dinge, Körper, Sachen.

Die Mich-Empfindung ist eine Erfahrung, also ein Objekt der noch subjektlosen Aufmerksamkeit. Durch sie kommen andere sinnlose Formen, Formen der Sucht, in der Seele zustande. Teils hängen diese mit verschiedenen biologischen Funktionen des Körpers zusammen, indem solche Funktionen zu Genussquellen werden, wie bei der Feinschmeckerei, beim Rauchen und Ähnlichem. Der Sündenfall in der Bibel wird als das erste genusshafte Essen (ohne Bedeutung) beschrieben, und das Essen wird dann zum Prototyp und Symbol jener Gebärden und Verhaltensweisen, die keine Ausdrucksfunktion haben, die nicht mitteilend, sagend, deutend sind.[39] Diese Formen kann man, da sie körpergebunden sind, ohne Schwierigkeiten verstehen. Es gibt aber sinnlose seelische Formen, die mit dem Körper nichts zu tun haben, wie Neid, Eitelkeit, Machtgier, Hass, Ärger, deren Befriedigung ohne Zweifel lustvoll, aber am Körper nicht lokalisierbar ist, die höchstens in ihren Effekten den Körper berühren. Wie kommen diese Formen zustande? Das wird unser Problem sein.

Wir wählen als Meditationsthema ein Bild, denn die Vorgänge im Empfinden sind dem Denken und besonders der Sprache nicht zugänglich, beziehungsweise letztere sind zu grob, um das Wesen dieser seelischen Sphäre zu beschreiben. Das Bild ist eine Hülle, die den menschlichen Körper umhüllt. Sie hat eine unbestimmte Dicke, deren Rand verfließt, die Oberfläche ist wie die einer Wolke, zeigt jedoch zunächst keine Einstülpung. Wir nehmen das Bild aus der Erfahrung, die wir in der 19. und 20. Übung gemacht haben, aus dem Versuch, einen Finger oder den ganzen Körper zu empfinden. Wir wissen auch, dass diese nunmehr in sich geschlossene Hülle aus einem radialen Gebilde entstanden ist, indem die Strahlen, die ursprünglich aus einem Zentrum nach außen, wie auch zu diesem Zentrum zurück nach innen gerichtet waren (reproduzierend und empfangend), sich zum Teil zu dieser in sich geschlossenen Gestalt umgebildet haben.

Wir bauen dieses Vorstellungsbild auf, versuchen im Fühlen die Veränderung von der radialen Anordnung zur Hüllengestalt zu «besinnen», mit den Konsequenzen, die in dem Verhältnis des Menschen zur Umgebung wirksam sind. Dann konzentrieren wir uns auf das Bild.

Man kann wahrnehmen, dass die Tendenz, welche die geschlossene Gestalt hervorgebracht hat, in ihr weiterwirkt. Diese Wahrnehmung ist durch das Fühlen der Gestalt und ihrer Wirkung auf den Menschen bedingt. Erst entstehen, gewissen Körperstellen entsprechend, man könnte sagen, um sie herum, in der Hülle weitere Einstülpungen oder Einschlüsse. Dann aber kommen, unabhängig vom Körper, aus der einheitlichen Hülle kleinere Teile zustande, als ob ein großer Ball sich in eine Anzahl von kleineren verwandelte. Man fühlt: Die Bewegung, die aus dem Radialen die Hüllengestalt bewirkt hat, arbeitet in der letzteren weiter. Man fühlt auch, dass dieser Prozess ohne Grenzen weiterrollen wird, falls nicht etwas dagegen unternommen wird.

Die sinnlosen seelischen Bildungen sind typologisierbar, aber trotz gleichen Namens nicht identisch, nicht einmal bei derselben Person. Eitelkeit kann sich beispielsweise auf die Schönheit des Gesichts, auf eine sportliche Leistung oder auf einen wissenschaftlichen Erfolg beziehen; und diese Eitelkeiten sind sehr unterschiedlich in ihrem Wesen, in ihrem Empfinden, nur die Bezeichnung ist ihnen gemeinsam. So ist es auch mit anderen Formbildungen; sie sind teils biographisch, teils als Neigung mitgebracht. Ohne die Egoität treten sie nicht auf: Alle richten sich auf das Surrogat des wahren Selbst, sie bilden diesen Ersatz, werden zu ihm. Alle sind letztlich nicht-kommunikative seelische Formen, ob sie zu ihrer Befriedigung den Körper gebrauchen oder nicht.

Alle diese «sinnlosen» Formen beziehen sich auf das Ersatz-Ich oder Ersatz-Selbst. Sein Kern ist das Mich-Empfinden, und an diesen Kern lagern sich die seelischen (Denk-, Gefühls- und Willens-)Gewohnheiten an, die äußere Biographie, die wir erinnern, und auf ihn beziehen wir unsere Erfahrungen. Das wahre Selbst wäre oder ist ein Zeuge, der auf die seelischen Regungen «schaut», sie wirklich *erfährt,* was Teilnahme an der Erfahrung und Wissen von ihr, also zugleich Unabhängigkeit bedeutet.

Ist in der Meditation das bildliche Verstehen erreicht, so kann man beginnen – der Übergang geschieht, wie jeder Übergang im Üben, spontan –, auf das Fühlen zu achten, das heißt das immer schon anwesende Fühlen zu bemerken. Die radialen, geraden Lichtstrahlen, die beleuchten und zugleich das Beleuchtete wahrnehmen, haben eine Gefühlsqualität; die in sich zurückgebogenen «Strahlen», die nichts anderes als sich selbst empfinden – diese Empfindung kommt durch sie in die Welt, sie *sind* diese Empfindungen –, haben eine andere Qualität, eine Verdunkelung im Fühlen. Mit dem Licht verglichen ist jede Form Dunkelheit. Diese Gefühlserfahrung kann annähernd zu dem (meditativen) Satz verdichtet werden: Es wird nichts mehr beleuchtet. Oder: Es wird nichts mehr geschenkt. Das ist keine angenehme Gefühlserfahrung, der ganze negative, krankhafte, menschenunwürdige Charakter der Egoität lastet auf dem erfahrenden Fühlen. Für den, der dieses erfährt, hat die Egoität schon jene positive Funktion verloren, die sie in früheren Phasen des Lebens hatte. Die Erfahrung in dieser Meditation hat eine Ähnlichkeit mit dem, was als Begegnung mit dem «Hüter der Schwelle» beschrieben ist.[40]

Der finstere und bedrohliche Charakter der Egoität, den man im Alltagsbewusstsein gar nicht bemerkt, wird in dieser Meditation auf der fühlenden Stufe zur fast unerträglichen, schockierenden Erfahrung. Ein Teil der Erschütterung wird von der Einsicht verursacht, dass so etwas vor dem Alltagsbewusstsein ganz verborgen bleiben kann. Das Bedrohliche zeichnet sich bald als Willensqualität ab, und das führt zu einem weiteren Wandel im Meditieren: Das Thema, das ursprüngliche Bild verwandelt sich in eine Willensgestalt, in etwas oder vielmehr in Jemand. Ein Wille wird durch den umgekehrten Willen vernommen, der dieses In-sich-Stülpen des ursprünglich radialen Lichtes *will.* Jetzt werden die Elemente des Bildes auf ihren Willenscharakter hin «untersucht», durch den umgekehrten Willen, der sich von ihnen prägen lässt. Wenn dann das Bild als Willensgestalt meditiert wird, erscheint in diesem Willen ein Wer. Die Wesenheit, die die Egoität oder die sinnlosen, aber der Nützlichkeit nach meistens scheinbar zweckmäßigen Formen «inspiriert», wird wenigstens an der Peripherie erfahren, mindestens, dass da ein Jemand ist. Diese Willenswesenheit ist weder eindeutig negativ noch positiv (alle diese Ausdrücke sind weit entfernt von der Komplexiztät der Erfahrung). Das Selbst muss – in den Augenblicken der Meditation – völlig unabhängig von den Formen werden, um mit dieser Gestalt, mit ihrem Willen sachgemäß umgehen zu können.

Es ist ersichtlich, dass die Frage- oder Forschungsmeditation darin besteht, dass der Übende oder Forschende die Frage in eine meditierende Form (Satz, Bild) bringt, damit dem Geschehen eine Richtung gibt und dann durch wachsende Stille auf das zugelassene Geschehen wartet und achtet.

Weitere Meditationen finden sich im Anhang (S. 107 f.).

Anmerkungen

1 Der Tastsinn ist in jede körperliche Arbeit einbezogen und vermittelt dabei fast nichts anderes als die Empfindung der Körperstelle, mit der man getastet hat. Man weiß sofort, ob man mit dem Daumen oder mit dem kleinen Finger tastet; das verhält sich mit anderen Sinnesorganen durchaus nicht ebenso: Zum Beispiel spürt man beim Sehen die Augen nicht. Beim Tasten weiß man zunächst fast nichts über das Getastete, außer dass es nicht ich bin, das heißt nicht mein Körper ist. Härte oder Rauheit wird nur durch die Bewegung der tastenden Körperstelle erfahren, also durch Einbeziehung des Bewegungs- und Gleichgewichtssinns. Aber die Empfindungshülle wird beim Tasten immer angeregt: *Sie* empfindet man.

2 Für Engelwesen sind allein die Bedeutungen Wirklichkeit; die Tastwirklichkeit, die für die meisten Menschen maßgebend ist, kennen sie nicht, sie haben nichts, womit sie tasten könnten. Bei Thomas von Aquin finden wir gerade diese Erfahrung expliziert. Je wahrer ein Ding ist, das heißt je mehr es sein Wesen, seine Bedeutung ausspricht, umso wirklicher ist es. Es ist, als kenne Thomas die Tastwirklichkeit nicht: wie die Engel.

3 Zu S. 17: Wir kennen die Ideen, die Begriffe der Naturgegenstände nicht, wir haben lediglich Namen für sie. Diese bezeichnen einen Erscheinungskomplex – nicht eine Funktion, die wir verstehen, wie es bei Gegenständen der Fall ist, die von Menschen geschaffen wurden. «Stuhl» verstehen wir nicht anhand gewisser äußerer Merkmale, sondern anhand der Funktion; die Erscheinung kann stark variieren. Bei «Eiche» kennen wir die Funktion nicht, wir halten uns an die Form der Blätter, des Geästes, der Rinde und Ähnliches. Das sind *Kenntnisse,* sehr wohl zu unterscheiden von *Erkenntnissen.* An Stoffen erfahren wir eine Qualität (Silber, Glas, Wasser) und das Allgemeine, Räumlichkeit und Masse (Gewicht). Mit der Qualität befasst sich die Chemie, mit den gemeinsamen Eigenschaf-

ten der Stoffe die Physik. Weder die Qualität noch die gemeinsamen Eigenschaften sind für uns verständlich, denn wir kennen ihre Funktion nicht: Wir definieren die entsprechenden Begriffe und verarbeiten sie womöglich mathematisch, ohne sie zu durchdringen, was wir bei den von Menschen gemachten Dingen können – bis in die Stofflichkeit hinein.

4 Zu S. 21: So bezeichnete das lateinische Wort «focus» den Herd oder das Feuer am Herd. Kepler hat das Wort für «Brennpunkt» verwendet.

5 Zu S. 22: So bedeutete beispielsweise das griechische Wort «thymos»: Atem, Lebenskraft, das seelische Prinzip der geistigen Tätigkeit, Gemüt, Herz, Gefühl, Gesinnung, Sinnesart, Denkweise, Trieb, Verlangen, Begierde, Neigung, Lust, Wille, Entschluss, Mut, Heftigkeit, Leidenschaft, Zorn, Unwille. Was im Wörterbuch nacheinander steht, war *zusammen* die Bedeutung; heute wird die ursprünglich große Bedeutung in viele Begriffe zerteilt.

6 Zu S. 23: Ein Beispiel für die horizontale Verschiebung der Bedeutung: «Subjektiv» bedeutete im 17. Jahrhundert im Englischen etwas, das zum Wesen des Dinges gehört, zur Wirklichkeit; im 19. Jahrhundert wird es zum Ausdruck dessen, was nur im Bewusstsein existiert, ohne einer äußeren Realität zu entsprechen.

7 Zu S. 26: Anweisungen für die Konzentrationsübung finden sich in G. Kühlewind, *Vom Normalen zum Gesunden,* Kap. 5.3., 5. Aufl., Stuttgart 1995.

8 Zu S. 29: Siehe G. Kühlewind, *Aufmerksamkeit und Hingabe*, Kap. 4. Stuttgart 1998.

9 Zu S. 31: Joh. 5,31; 8,13; 19,35; 21,4; 3. Joh. 12.

10 Zu S. 36: G. Kühlewind, *Der sprechende Mensch,* Kap. III.2., Frankfurt am Main 1991.

11 Zu S. 37: Siehe Kühlewind, *Aufmerksamkeit und Hingabe,* Kap. 7.

12 Zu S. 37: Siehe Kühlewind, *Vom Normalen zum Gesunden,* Kap. 4.3.

13 Zu S. 48: Siehe ebenda, Kap. 5.5.3.

14 Zu S. 49: R. Steiner, *Die Welt der Sinne und die Welt des Geistes.* Gesamtausgabe Bibl.-Nr. 134. 5. Aufl., Dornach 1990.

15 Zu S. 52: Siehe Kühlewind, *Die Esoterik des Erkennens und Handelns,* Kap. IV. Stuttgart 1995.

16 Zu S. 53: Siehe im Anhang des vorliegenden Buches: «I. Die Umkehr des Willens und die Begegnung mit der Logoskraft».

17 Zu S. 62: Verwendet man in körperlichen Ausdrucksbewegungen den

harten Willen, wo der sanfte zuständig ist, so wird die Bewegung un-
vollkommen, fehlerhaft. Wenn der Pianist seine Aufmerksamkeit auf die
Finger richtet, wird er sicherlich die richtigen Tasten verfehlen, aus der
Musik «herausfallen». Beim Stottern wird der harte Wille zur Bewegung
der Sprachorgane verwendet, das Bewusstsein weilt teilweise bei deren
Bewegung. Der Stotterer «vergisst» die Bewegung der Sprachorgane,
wenn er einen fremden vorgegebenen Text spricht oder wenn er den Text
mit einer Melodie singt. – In den Ki- und verwandten Übungen wird das
Umgekehrte versucht: den harten Willen in den sanften umzuwandeln.

18   Zu S. 63: Es ist bekannt, dass Nicken und Kopfschütteln in vielen
Ländern das Gegenteil von dem bedeuten, was wir in West- und Mittel-
europa darunter verstehen.

19   Zu S. 67: R. Steiner, *Anweisungen für eine esoterische Schulung*, 1. Kap.
Gesamtausgabe Bibl.-Nr. 42/245. Siehe auch Kühlewind, *Vom Normalen
zum Gesunden*, Kap. 5.5.2.

20   Zu S. 72: Über den Mechanismus des Erinnerns siehe G. Kühlewind,
Das Leben der Seele zwischen Überbewusstsein und Unterbewusstsein, Kap.
IV. 2. Aufl. 1986.

21   Zu S. 75: Siehe Kühlewind, «Das Wahrnehmen räumlicher und zeitli-
cher Formen», in: *Das Goetheanum*, 20/5/1984.

22   Zu S. 77: Siehe Kühlewind, *Die Diener des Logos*, Kap. V. Stuttgart 1981.

23   Zu S. 83: Siehe Kühlewind, *Meditationen über Anthroposophie, Thomas
von Aquin und Zen-Buddhismus*, Kap. 1. Stuttgart 1999.

24   Zu S. 83: Rupa – Form; Arupa – formfrei (Sanskrit).

25   Zu S. 84: Siehe Kühlewind, *Das Licht des Wortes*, Kap. 5. Stuttgart 1984.

26   Zu S. 85: R. Steiner, *Das Rätsel des Menschen*, Vorträge vom 12.8.1916 und
2.9.1916. Gesamtausgabe Bibl.-Nr. 170. 3. Aufl., Dornach 1992.

27   Zu S. 85: Ebenda, Vortrag vom 12.8.1916.

28   Zu S. 85: Ebenda, Vortrag vom 2.9.1916.

29   Zu S. 86: Kühlewind, *Vom Normalen zum Gesunden*, Kap. 4.2.

30   Zu S. 86: Die Ausdrücke «einen Inhalt auslöschen, das Bewusstsein
entleeren» sind Anweisungen, die ebenfalls nicht durch das Alltagsbewusstsein ausgeführt werden können, sondern im Laufe der Übungen
durch den sanften Willen – man könnte sagen – fast spontan geschehen.
So wie beim Musizieren die Anweisungen wie etwa «crescendo» oder
«ritardando» nicht gedacht werden, sondern ausgeführt. Denkt man sie,
so fällt man aus dem Strom der Musik heraus.

31 Zu S. 87: Siehe Kühlewind, *Aufmerksamkeit und Hingabe,* Kap. 19.

32 Zu S. 89: Siehe Kühlewind, *Vom Normalen zum Gesunden,* Kap. 5.4.

33 Zu S. 91: Die Wörter werden in einem Meditationssatz in ihrer Urbedeutung gebraucht. Die Urbedeutung macht die Anwendungen des
Wortes möglich. Zum Beispiel kann «in» in räumlichem, zeitlichem und
in «übertragenem» Sinne («in Freundschaft») gebraucht werden. Was
alle Anwendungen ermöglicht, ist die Urbedeutung; *sie* ist es, die das
Kleinkind erfasst.

34 Zu S. 91: Siehe auch Kühlewind, *Die Wahrheit tun,* Kap.: «Über die
Reinheit des Strebens» und «Die zweite Stufe der Meditation». 2. Aufl.,
Stuttgart 1982.

35 Zu S. 93: Siehe Kühlewind, *Esoterik des Erkennens und Handelns,* Kap.
VI.

36 Zu S. 93: Zum Beispiel: «Ich empfinde mich denkend eins mit dem
Strom des Weltgeschehens» (R. Steiner, *Die Schwelle der geistigen Welt,*
Kap. 1. Gesamtausgabe Bibl.-Nr. 17, 7. Aufl., Dornach 1987.

37 Zu S. 95: Siehe Kühlewind, *Die Belehrung der Sinne.* Stuttgart 1990.

38 Zu S. 96: Siehe Kühlewind, *Aufmerksamkeit und Hingabe,* Kap. 7, 13
und 18.

39 Zu S. 97: Das Essen zu «erlösen», seine Bedeutung wiederherzustellen
wird im Christentum im Gottesdienst mit dem Zu-sich-Nehmen von
Brot und Wein versucht.

40 Zu S. 99: R. Steiner, *Wie erlangt man Erkenntnisse der höheren Welten,*
Kap: «Der Hüter der Schwelle». Gesamtausgabe Bibl.-Nr. 10, 24. Aufl.,
Dornach 1993.

ANHANG

1. Meditationen

Satzmeditationen

Die Welt ist Licht.
Das Licht erleuchtet sich selbst.
Im Licht ist nichts.
Alles verschwindet spurlos im Licht.
Dieses ist Licht.
Was sollte vom Licht beleuchtet werden?
Ich bin das Licht.
Nur das Ich-bin kann das Licht erfahren.
Das Ich ist formfrei.
Das selbst ist nur jetzt.
Ich bin inzwischen.
Alles ist jetzt.
Die Ich-bin-Gottheit wirkt jetzt.
Im Sehen sind Subjekt und Objekt aufgehoben.
Der Sehende wird Wirklichkeit.
Wir schweben zwischen Körper und Geist, ohne sie zu erfahren.
Aufmerksamkeit ist Identität.
Aus der Identität wird Nachahmung.
Mich oder Ich.
Wir erinnern Objekte.
Bilder kommen aus dem Sehen.
Worte ersetzen Erfahrung.

Bildmeditationen

Das Neue Testament enthält eine Fülle von Bildern, die alle meditiert werden können. So zum Beispiel: Der Sämann (nach Markus 4, mit allen Einzelheiten im Kapitel). Die Szene am Teich Bethesda, Johannes 5,2–9.

Buddhas Blumenpredigt: Anstatt Worte zu sagen, zeigt er eine Blume.

Eine Mauer steht in einer Landschaft, mit einem geschlossenen Tor.

Jesaja 40,3–4 im Vergleich mit Matthäus 3,3.

2. Die Umkehr des Willens
und die Begegnung mit der Logoskraft

Im Kapitel «Ausblicke» seines Werkes *Vom Menschenrätsel* schreibt Steiner über die fundamentale Erfahrung, «vom Denken zum *Erleben des Denkens*» überzugehen. «Im gewöhnlichen Bewußtsein wird nicht das Denken erlebt, sondern durch das Denken dasjenige, was gedacht wird.»[1] Dieselbe Erfahrung wird im zweiten Teil der *Philosophie der Freiheit* gefordert.[2] Dadurch, dass man sich durch einen *Willen* immer wieder an Gedanken hingibt, kann man Seelenkräfte gewahr werden, «die nur im *bewußten* Anwenden entdeckt werden können». Ein geistiges Aufwachen wird durch das Erleben des Denkens selbst bewirkt. Der Willensaufwand ist aber von dem Alltagswillen zu unterscheiden, in seiner Art und Richtung. Der gewöhnliche «Wille strömt von dem Ich aus und taucht in das Begehren, in die Leibesbewegung, in die Handlung unter. Ein Wille in dieser Richtung ist unwirksam für das Erwachen der Seele aus dem gewöhnlichen Bewußtsein. Es gibt aber eine Willensrichtung, die in einem gewissen Sinne dieser entgegengesetzt ist. Es ist diejenige, welche wirksam ist, wenn man, ohne unmittelbaren Hinblick auf ein äußeres Ereignis, das eigene Ich zu lenken sucht. In den Bemühungen, die man macht, um sein Denken zu einem sinngemäßen zu gestalten, sein Fühlen zu vervollkommnen, in allen Impulsen der Selbsterziehung äußert sich diese Willensrichtung. In einer allmählichen Steigerung der in dieser Richtung vorhandenen Willenskräfte liegt, was man braucht, um aus dem gewöhnlichen Bewußtsein heraus zu erwachen. Eine besondere Hilfe leistet man sich in der Verfolgung dieses Zieles dadurch, daß man mit innigerem Gemütsanteil das

Leben in der Natur betrachtet. Man sucht zum Beispiel eine Pflanze so anzuschauen, daß man nicht nur ihre Form in den Gedanken aufnimmt, sondern gewissermaßen mitfühlt das innere Leben, das sich in dem Stengel nach oben streckt, in den Blättern nach der Breite entfaltet, in der Blüte das Innere zum Äußeren öffnet und so weiter. In solchem Denken schwingt der Wille leise mit; und er ist da ein in Hingabe entwickelter Wille, der die Seele lenkt; der nicht aus ihr den Ursprung nimmt, sondern auf sie seine Wirkung richtet. Man wird naturgemäß zunächst glauben, daß er seinen Ursprung in der Seele habe. Im Erleben des Vorgangs selbst aber erkennt man, daß durch diese Umkehrung des Willens ein außerseelisches Geistiges von der Seele ergriffen wird.

Wenn ein Wille nach dieser Richtung erstarkt ist und das Gedankenleben in der angedeuteten Art ergreift, so wird in der Tat aus dem Umkreise des gewöhnlichen Bewußtseins ein anderes herausgehoben, das sich zu dem gewöhnlichen verhält wie dieses zu dem Weben in den Traumbildern. Und ein solches schauendes Bewußtsein ist in der Lage, die geistige Welt erlebend zu erkennen.»[3]

In der Naturbetrachtung ist – je nach Intensität der Aufmerksamkeit – die geforderte Willensrichtung verwirklicht: ein *empfangender, entgegennehmender* Wille, der den ebenfalls willenserfüllten kosmischen Ideen, für die die Naturphänomene die wahrnehmbaren *Zeichen* sind, entgegengeht.[4] Als ob der menschliche Wille sagen würde: «Dein Wille geschehe.» Es ist ein *spontaner* Wille, so paradox der Ausdruck klingen mag.

Im Wahrnehmen, in der Kunst wie auch im Ausüben und Entgegennehmen des religiösen Kultus wird der gewöhnliche Wille der Aufmerksamkeit durch eine Begegnung mit höheren und mächtigeren Ideenhaftigkeiten umgewendet – höheren und mächtigeren als jenen, mit welchen das Alltagsbewusstsein arbeitet. In der Bewusstseinsschulung besteht, besonders am Anfang, die größte Schwierigkeit darin, diesen paradoxen Willen zu finden, da zunächst keine höhere Ideenhaftigkeit im Blickfeld ist:

Die Meditationsthemen *werden* erst dazu, wenn sie der meditierenden Aufmerksamkeit ihren «Sinn» entschleiern. Dazu ist Konzentriertheit, eben die umgekehrte Willensgebärde schon erforderlich.

Diese konzentrierte Aufmerksamkeit wird durch vorangehende Übungen erworben, wie zum Beispiel die «Gedankenkontrolle», die einen einfachen menschengeschaffenen Gegenstand, seine Vorstellung, Gedanken um ihn herum, letztlich seine funktionelle Idee zum Thema nimmt.[5] In *dieser* Übung nun den «spontanen» entgegennehmenden Willen, das «strömende» Element zu finden, das die Aufmerksamkeit zu tragen, aufrecht zu erhalten hilft, scheint das grundlegende Eintritts-Hindernis in der Schulung zu sein. Denn ohne den «umgekehrten» Willen ist die lockere, unverkrampfte und doch konzentrierte Aufmerksamkeit, eine Art «active relaxation»,[6] eine aktive Gelassenheit kaum zu verwirklichen. Auch deshalb, weil in der Schulung des Bewusstseins die Aufmerksamkeit nichts *anderes* zu tun hat: Es sind keine Finger zu bewegen, kein Pinsel ist zu führen oder dergleichen.

Die Umkehr des Aufmerksamkeits-Willens erfolgt in den beschriebenen Fällen stets an einem Punkte, wo das Subjekt einer intersubjektiven universellen Sphäre des *Logos* begegnet: etwa der Sprache der Musik, der Sprache Shakespeares, der Natur oder des Kultus. Dort, wo sich das menschliche Ideenleben mit größeren Ideen berührt, wird es «nehmend», wahr-nehmend, dort lässt sich die Aufmerksamkeit neu belehren, wie sie in der Kindheit zur Zeit des Sprechenlernens belehrt wurde: Durch das vernommene Wort und sein Verstehen wurde sie *intentional,* das heißt *begriffliche* Aufmerksamkeit, die sich stets auf ein begriffliches «Etwas» richtet, auf die Kristallisationspunkte der sprachgebotenen Begrifflichkeiten. In der anfänglichen Bewusstseinsphase sind Wort, Begriff und Ding – sofern das Wort ein Wahrnehmbares bezeichnet – noch eins. In der Bewusstseinsseele jedoch, in der das Denken von der Sprache unabhängig geworden ist, wird das innerlich oder funktionell nicht verstandene Naturding vom Denken entfremdet: Wir erkennen es an äußeren Merkmalen.[7] Dieselbe Bewusstseinshaltung hat sich auf das von Menschen Geschaffene ausgedehnt, obwohl *dessen* funktionelle Idee dem Menschen durchaus zugänglich ist.

In der «Gedankenkontrolle»[8] tritt nach den ersten tastenden Gedankengängen und Vorstellungsbildern – um die Gestalt, die Eigenschaften, die Herstellung des Gegenstandes und Ähnliches – erfahrungsgemäß die *Funktion* und damit die Idee des Dinges in den Vordergrund, ohne die es nicht vorhanden und nicht *jenes* Ding wäre, indem man nicht wüsste, wie es funktioniert. Nimmt der Übende diese Möglichkeit des Denkens von sich aus nicht wahr, so ist sie ihm zu empfehlen. Denn durch das Aufleuchten des Ideencharakters des Gegenstandes gehen bedeutsame Veränderungen im Üben vor sich.[9] Es ist durchaus von Anfang an fruchtbar, sich den Gegenstand nicht statisch, sondern in Funktion vorzustellen und zu denken.

Dadurch gesundet das Begriffsleben; sein Nominalismus – das Denken des Dinges nach seinen äußeren Merkmalen – wird durch das Wiederfinden der Funktionsidee überwunden.

Der menschengeschaffene Gegenstand wird in seiner Würde erlebt: Er ist ja Neuschöpfung durch den Menschen auf Erden. *Diese* Würde und Bedeutung, auch den Engeln neu, beschreibt Rilke in seinen *Duineser Elegien:*

> Sind wir vielleicht *hier,* um zu sagen: Haus,
> Brücke, Brunnen, Tor, Krug, Obstbaum, Fenster, –
> höchstens: Säule, Turm … (IX. Elegie)

> Und höher die Sterne. Neue. Die Sterne des Leidlands.
> Langsam nennt sie die Klage: – Hier,
> siehe: den *Reiter,* den *Stab,* und das vollere Sternbild
> nennen sie: *Fruchtkranz.* Dann, weiter, dem Pol zu:
> *Wiege, Weg, Das brennende Buch, Puppe, Fenster.*
> (X. Elegie)

Die Logos-Sphäre wird auf ihrer untersten Stufe berührt. Damit begegnet das Bewusstsein einem ihm übergeordneten Element, wie in der Kunst, sofern die Worthaftigkeit der Ideen und deren Verstehen in der Übung als Erfahrung aufblitzt. An diesem Punkt kann sich die Aufmerksamkeit metamorphosieren, umkehren und zu einer *aufnehmenden* werden. Sie kann es erfahren, dass, obwohl die Vorstellung und das Denken des Gegenstandes aus ihr selbst bestehen, sie diese aus Gnaden des Logos hervorbringen kann, der in der Mitte der Seele wirksam ist. Die Aufmerksamkeit kehrt in das strömende Element der Logossphäre zurück, aus der sie geboren wurde.

Der Übende entdeckt damit ein höheres Wesen, eine höhere Ichhaftigkeit in der eigenen Seele. Denn wo Wort oder Worthaftes zu erfahren sind, müssen sie eine Quelle haben, und diese kann nur ein Ich-Wesen sein. Die Begegnung mit dem höheren Ich ist in diesem Erleben durch die unscheinbare Übung die Quelle des neuen Gefühls, das «Sicherheit und Festigkeit»[10] genannt wird. Es stammt aus dem Erleben des «Ich-bin», des eigenen geistigen Seins, das keiner «Beweise», keiner Stützen bedarf. Zugleich ist die Angst vor dieser Begegnung das größte Hindernis, die Aufmerksamkeit «loszulassen», und dessen bedarf es, damit sie gleichsam künstlerisch werden kann, aber doch – im Gegensatz zum künstlerischen Tun – im Unwahrnehmbaren verbleibt. Es wird ersichtlich, was für eine unschätzbare Hilfe die Kunst dem Übenden bietet und wo die Grenzen dieser Hilfe sind, warum Kunst die Erkenntnisschulung nicht ersetzen kann: Sie hat andere Ziele, muss im Wahrnehmbaren erscheinen.

Die Anwesenheit eines Universellen in der Seele – des Logos – wird im berühmten Fragment des Heraklit angedeutet: «Der Seele ist ein Logos eigen, der von sich aus zunimmt.» Im Zusatz zum X. Kapitel der *Philosophie der Freiheit* beschreibt Rudolf Steiner den immanenten «Widerspruch» des Menschen-Wesens, aus dem universellen Element der Ideen individuelle Intuitionen schöpfen zu können.

Für die Meditation muss die Aufmerksamkeit schon so erstarkt sein, dass sie sich an das zunächst nur dem Wortlaut nach verstandene Thema abwartend, dem Wesen nach leer und doch zusammengehalten annähern kann: schon umgekehrt, schon entgegennehmend, das Höhere erwartend, frei von allen diesbezüglichen Vorstellungen; sie wären für die Begegnung hinderlich. Dazu muss die Aufmerksamkeit so gelenkig und selbstlos geworden sein wie die Finger eines Pianisten, die von der musikalischen, meditativen Eingebung geführt werden und doch «flüssig» bleiben. Paulus formuliert die Erfahrung des Lebens im Bewusstsein, das Erleben des lebendigen Wortes in seinem Galaterbrief (2,20): «Nicht ich lebe mehr, sondern Christus lebt in mir.»

An der Begegnung mit dem Höheren erstarkt die Menschenseele, um einen Schritt empor auf der Himmelsleiter des Logos zu tun: Die Begegnung ist oft schmerzhaft, löscht manchmal das Bewusstsein, das «Sehen» vorübergehend aus; so widerfährt es Dante mehrmals (Par. XIV.76, XXIII.35, XXV.121, XXXIII.76), aber dasselbe größere Licht schenkt ihm immer wieder neue, höhere Kraft zum Schauen. Beatrice erklärt ihm (XXX.52–54):

> Die Liebe, die beruhigt diesen Himmel,
> Nimmt stets in sich auf mit sothanem Heile,
> Die Kerz' auf ihre Flamme zu bereiten.
>
> (Übersetzung des Philalethes)

Die Begegnung wird oft als ein Kampf mit dem Engel geschildert (1 Mos. 32, 24–29), bei dem der menschliche Wille, die worthafte Aufmerksamkeit «umgekehrt» werden und von dem Höheren neue Gestalt und Namen gewinnen – erringen. Das Wesen solchen Kampfes stellt das Gedicht «Der Schauende» von Rilke dar *(Buch der Bilder):*

Wen dieser Engel überwand,
welcher so oft auf Kampf verzichtet,
der geht gerecht und aufgerichtet
und groß aus jener harten Hand,
die sich, wie formend, an ihn schmiegte.
Die Siege laden ihn nicht ein.
Sein Wachstum ist: der Tiefbesiegte
von immer Größerem zu sein.

Anmerkungen zum Anhang:
Die Umkehr des Willens

1 R. Steiner, *Vom Menschenrätsel.* Kapitel: «Ausblicke». GA 20, 4. Auflage, 1957, S. 161.

2 Siehe G. Kühlewind, *Bewußtseinsstufen. Meditationen über die Grenzen der Seele.* Kapitel: «Die zwei Bewußtseinsstufen in der ‹Philosophie der Freiheit›. 3. Auflage, Stuttgart 1980.

3 R. Steiner, *Vom Menschenrätsel,* S. 163 f.

4 R. Steiner, *Die Sendung Michaels,* Vortrag vom 30.11.1919, GA 194, 4. Auflage 1994.
– *Die Welt der Sinne und die Welt des Geistes,* Vortrag vom 28.12.1911, GA 134, 5. Auflage 1990.
– *Allgemeine Menschenkunde als Grundlage der Pädagogik,* Vorträge vom 23. und 27.8.1919, GA 293, 9. Auflage 1992.

5 Zur Gedankenkontrolle siehe im vorliegenden Buch die Übungen 1, 2, 3 und 7 (S. 16 f. u. 26). Siehe des Weiteren Kühlewind, «Das Erleben der Begriffe», in der Wochenschrift *Das Goetheanum,* Nr. 38, Jg. 1985.

6 A. Huxley, *The Art of Seeing,* London 1974.

7 G. Kühlewind, *Das Licht des Wortes,* 1. Kapitel. Stuttgart 1984.

8 Über einige Wirkungen der Einweihung siehe R. Steiner *Wie erlangt man Erkenntnisse der höheren Welten?,* GA 10; *Die Geheimwissenschaft im Umriss,* Kapitel: «Die Erkenntnis der höheren Welten», GA 13.

9 G. Kühlewind, *Bewußtseinsstufen, Kapitel: «Konzentration und Kontemplation.*

10 R. Steiner, *Anweisungen für eine esoterische Schulung.* GA 42/245. 5. Auflage 1979.

3. Kunst und Erkennen

Über ihre meditative Quelle

Die zwei Geistesphänomene scheinen zunächst unschwer zu unterscheiden sein: *Erkennen* geschieht im Innenraum des Seelisch-Geistigen; Kunst muss in jedem Fall in die Wahrnehmungswelt treten, hat also immer in ihrer Erscheinungsform mit der Stofflichkeit zu tun. Das «Erscheinen» des Erkennens oder seiner Früchte ist meistens ästhetisch anspruchslos – es kann auch sein, dass das Erkannte gar nicht ausgedrückt wird –, jedenfalls ist die Erscheinungsform sekundär, erfolgt *nach* dem Erkennen; in der Kunst ist das Erscheinen essentiell, es gibt nichts *vor* dem Erscheinen. Dieses Erscheinen im Vorstellen kann auch in der Vorstellung sein, als Bild, Gedicht oder Musik, aber dann ist es «mit dem sinnlich-stofflichen Kleid» ausgestattet.

Die Kunst zeigt sich in dieser Hinsicht der Sprache analog: Diese hat auch zwei Seiten. Die Innenseite ist die Bedeutung, der Sinn, der dann nach außen als akustisches oder optisches Phänomen erscheint. Nur dass die «Innenseite» eines Kunstphänomens eben nicht ein (bloß) Gedankliches ist; sonst wäre die Kunst überflüssig.

Gemeinsam ist beiden, Kunst und Erkennen, das Schöpferische; beide bringen Neues hervor. Man kann die gemeinsame Wurzel ahnen; zu untersuchen ist, was aus ihr hervorgeht.[1]

Der gemeinsamen Quelle ist zu verdanken, dass in beiden Geistesphänomenen Bedeutung, Sinn, Sagendes zum Vorschein kommt – mit einem Wort: Logoshaftes oder Ideenhaftes, etwas, das *spricht*. Aber was eine Kunst sagt, ist nicht einmal im Hinblick auf ein (gutes) Gedicht mit Worten (mit anderen Worten) gedanklich wiederzugeben. Kunst wird durch Fühlen entgegengenommen, auch hinter jeder künstlerischen Fantasie ist Fühlen zu finden. Und deshalb ist das Kunstphänomen, wenn es durch Gedanken ersetzt werden kann oder einer gedanklichen Erklärung bedarf (eine Programmmusik, die ohne Kenntnis des Programms nicht genießbar wäre) keine Kunst.[2] Denn Kunst spricht zum «kindlichen» Menschen, der die Welt fühlend-wollend, wollend-fühlend (mit einem «umgekehrten» Willen, der vom Gegenstand geprägt wird) vernimmt.

«Kindlichkeit» des Ideen-Fühlens

Im archaischen, partizipierenden Bewusstsein, welches das kleine Kind heute in etwas abgewandelter Form wiederholt, sprechen die Natur und die göttlich-geistige Welt (heute innere Quelle, aus der alles Neue kommt, genannt) ursprünglich ungetrennt durch ein Fühlen-Wollen zum Menschen. Dieses Fühlen orientiert den archaischen Menschen in der Natur, in seinen technischen Leistungen (Bau, Keramik usw.) und auch in seinen über biologische Notwendigkeiten hinausgehenden Ritualen, religiösen Bräuchen. Das archaische Wahrnehmen war ein *volles* Gewahrwerden der Dinge, in dem das Ideenhafte nicht auf dem getrennten Wege des Denkens (oder seines Vorläufers), sondern im Wahrnehmen selbst enthalten war. Der Innenraum, in dem das Denken unabhängig vom Wahrnehmen leben kann, bildete sich erst später durch sprachgegebene Wort-Begrifflichkeiten heraus, die sich auf keine Wahrnehmung beziehen (z.B. Bindewörter). Selbstbewusstsein entsteht, wenn sich das Denken vom erkennenden Fühlen und Wollen schon getrennt hat und in der Bewusstseinsseele sich eine reflexionsfähige Struktur bildet: Die Bewusstheit ist größtenteils auf der Ebene der Vergangenheit (des Gedachten, Vorgestellten usw.), kann aber im neuen Verstehen die Ebene der Geistesgegenwart, der Wahrheit, des lebendigen Denkens (des Imaginativen) berühren.[3]

Das Kind ist im frühen Alter heute noch *ganz* Sinn, und dieser globale Sinn ist eben das nach außen gerichtete Fühlen. Aus diesem differenzieren sich später die einzelnen, beim Erwachsenen völlig getrennten Sinnesgebiete heraus, als Folge der «Belehrung», die die Sinne durch die Sprache und die menschliche Umgebung erhalten.[4] Dabei bleiben beim Kinde die Sinneswahrnehmungen bekanntlich noch lange gefühlsgesättigt, bis dann durch die alltäglichen Begriffe die Gefühle aus den Wahrnehmungen «austrocknen».

In der Kunst greift der Mensch auf die erkennenden oder kommunikativen Gefühle zurück, die mit dem gemeinsamen, kommunikativ-universalen Element des Denkens zu vergleichen sind. Das Denken ist dann in dem intelligenten, Kunst vernehmenden Fühlen gleichsam aufgelöst, noch nicht von ihm abgetrennt.

Die gefühlten Ideen sind noch offener, «großzügiger» als die lebendigen; daher kann man eine Landschaft auf verschiedene Weise «schön» malen, ein Musikstück auf unterschiedliche Weise «schön» spielen. «Schönheit» ist, wie Wahrheit und Güte, eine Intuition oder Erfahrung, die auf der Ebene des Vergangenheitsdenkens (diskursiv) ebenso wenig zu begründen ist wie die anderen beiden Grundideen – wie Grundideen überhaupt.

Weil die Kunst aus und zu dem Fühlen spricht, zeigt sich in ihr eine «Regressivität», eine Rückkehr in die «Kindlichkeit», indem in der Tätigkeit wie auch im Vernehmen nie bloß *ein* Sinn wirksam ist, sondern praktisch *alle* Sinne. Daher spricht man beim Kunstbetrachten von «Ausgeglichenheit», «Bewegung», «warmen Farben», «harten Tönen» und so weiter. In der Kunst können wir noch kindlich-fühlend wahrnehmen, aber damit ist nur *eine* Qualität des künstlerischen Bewusstseins gemeint, denn die «Inhalte», die Gefühlsqualitäten der Künste sind eben gar nicht «kindlich».

Wenn wir Natur und Kunst vergleichen, so sind beide als Erfahrungen in der Sinneswahrnehmung zu finden. Beide strahlen Fühlen und Wollen aus, ja, sie bestehen aus diesen Elementen, nur ist die Kunst wie ein Stück vom Menschen berührte, gezähmte, menschennah gemachte Natur. «Denn das Schöne ist nichts / als des Schrecklichen Anfang, den wir noch grade ertragen, / und wir bewundern es so, weil es gelassen verschmäht, / uns zu zerstören.» So fasst Rilke in der ersten der *Duineser Elegien* seine Ästhetik zusammen. In der zweiten fügt er noch hinzu: «Wohin sind die Tage Tobiae, / da der Strahlendsten einer stand an der einfachen Haustür, / zur Reise ein wenig verkleidet und schon nicht mehr furchtbar.»

Wie der Erzengel «ein wenig verkleidet» sich dem Menschen ertragbar macht, so auch die Natur in der Kunst. Wie die Sprachelemente, die Laute, Grammatik, Syntax nicht aus der Natur stammen, so auch die Elemente der Kunst nicht: Kein reiner musikalischer Ton ist in der Natur zu finden (auch bei den Vögeln nicht), keine Farbenzusammenstellung wie auf einem gemalten Bild (selbst der Naturalismus hat es nicht zuwege gebracht, und wo es zu gelingen scheint, taucht die Frage auf, ob es noch Kunst sei oder ein merkwürdiges Zwischengebiet der Naturnachahmung), kein Wesen kann in der Natur so gesehen werden, wie ein Standbild es erscheinen lässt: stehend-bewegt.

Kunst ist nicht ein Gegebenes für die Menschheit, sie ist das Schaffen der Menschen: Sie schaffen durch Kunst neue Gefühle, neue Gestaltungen im Fühlen. Der Künstler ist inspiriert durch ein neues Fühlen und verleiht ihm Ausdruck in der Wahrnehmungswelt («und» ist hier im konjunktiven Sinne gemeint, im Sinne von «zugleich»). Man könnte sagen, Naturgegenstände entstehen dadurch, dass ein höherer Wille in die sinnlich-wahrnehmbare Stofflichkeit gleitet; Kunst entsteht durch einen menschlichen Willen, der, durch die fühlende Inspiration gelenkt, intelligent in die Stofflichkeit greift. Die mächtigen Ideen, denen wir im Anblick der Natur ausgesetzt sind, wehren wir wegen ihrer Größe, die wir nicht ertragen, durch tote Begriffe ab, die rasch über die Wahrnehmung gestülpt werden und neutralisieren, töten, was von der Natur aus uns entgegenströmt.

Genesis der Idee

Man kann in jedem Gedanken, in jeder Idee einen *Willen* entdecken – sie *will* diese Idee werden. Wenn eine neue Idee im Kommen ist, erscheint zunächst dieser Wille, der sie hervorbringt: wie ein Kräuseln, wie leise Faltenbildung auf dem blauen Himmel des erhöhten Bewusstseins. Dann formt sich daraus ein *Fühlen,* ein wenig konturierter als die Willenswogen, und aus dem Fühlen ergießt sich ein schon bestimmter, aber noch ohne Sprache, ohne Worte *lebender Denkstrom.* Erst dessen Wasser kristallisiert sich in mehr oder weniger feste Gedanken, die zu Worten gerinnen. Diese sagen bloß demjenigen Zuhörer oder Empfangenden etwas, der sie wieder zum Leben erweckt.

Die Genese einer *künstlerischen Idee* erfolgt ähnlich. Die ersten zwei Stufen sind gemeinsam. Nachdem sich die Gefühlswolke ausgebildet hat, erfolgt nun aber unmittelbar die sinnlich-wahrnehmbare Ausgestaltung des Kunstphänomens; das lebendige Denken und die Gedankenstufe werden vermieden. Hat sich eine Idee bis zum lebendigen Denken konkretisiert – das an sich noch für eine Vielfalt von Ausdrucksmöglichkeiten geeignet ist –, so wird aus ihr kein richtiges, gutes Kunstwerk mehr. Dazu müsste sie im Fühlen bleiben (im «objektiven» Fühlen). Kunst bringt immer eine Gefühlsgestalt in der Welt der Sinneswahrnehmungen zum Erscheinen, deren ursprüngliches Wesen das Fühlen und das empfangende Wollen anspricht.

Einige Jahrzehnte vor uns haben Wissenschaft und Kunst aus einer mehr oder weniger überbewussten Verbindung mit den Quellen der Ideen (auch künstlerischer Ideen) gelebt. Diese Verbindungen – wie alles Gegebene, Geschenkte – droht immer dünner zu werden und gänzlich zu verschwinden. Die Wissenschaft ist heute auf einer Ebene angekommen, auf der sie die Wirklichkeit der Natur und des Menschen gar nicht erreicht. Aus beiden Gründen ist eine meditative Praxis aktuell.[5]

Sie würde darin bestehen, dass der Mensch seine punktuelle, blitzartige Verbindung mit der Ebene des Verstehens oder der Geistesgegenwart, die er in jedem neuen Verständnis verwirklicht, durch Bewusstseinsübungen auszudehnen versucht, sich auf der höheren Ebene zu artikulieren lernt (ein wortloses Denken und Wahrnehmen auszuüben), um so die Verbindung zu stärken und zu steigern; später kann er sie dann auch auf höhere Bewusstseinsebenen (heute gewöhnlich überbewusst, wie die des erkennenden Fühlens) ausdehnen.

Der Weg einer Forschungsmeditation beginnt damit, dass das Thema (die zu erforschende Frage oder das Problem) in eine Form gebracht wird, die für das Meditieren geeignet ist. Diese Form kann ein Satz oder ein Bild sein; bei etwas fortgeschritteneren, geübteren Forschern kann es auch eine Situation, eine Frage sein, die kaum oder gar nicht formuliert ist, ein «Wie ist das?» oder auch nur ein «Wie?». Der Forscher konzentriert sich auf das Thema (auf den wortfreien Sinn des Satzes, auf die Frage in Bildform), bis das Thema durchsichtig wird, die Aufmerksamkeit in eine empfangende Gebärde übergeht. Das Thema löst sich dann in ein lebendiges Denken auf. Dieses wird immer von einem Fühlen begleitet.

Der nächste Schritt besteht darin, dass der Forscher auf das zuerst klar ausgearbeitete fließende, lebendige Denkelement «verzichtet», indem er dieses Element durchsichtig werden lässt und die Aufmerksamkeit auf das Fühlen verlegt. Kann man sich im

Fühlen des Themas bewusst bewegen, wie für gewöhnlich schon im Übergang zum lebendigen Denken, so arbeitet man im Fühlen eine wolkenhafte, aber als Fühlen bestimmte charakteristische *Fühlform* aus, durch eine Aufmerksamkeit, die *fühlt,* nicht denkt, nicht wahrnimmt.

Die nächste Stufe bringt wieder einen Verzicht auf das schon Erreichte, auf die Gefühlsgestalt. Durch die Konzentration im Fühlen kann sich die Gestalt des Fühlens wieder wandeln. Man kann sagen, das Fühlen verblasst, wird aber zugleich zu einem Willen, und nun taucht vor der Aufmerksamkeit (die sich entsprechend aus dem Fühlenden zu einem Wollenden verändert) eine noch allgemeinere Gestaltung auf, eine «unbestimmtere» im gewöhnlichen Sinne, aber völlig bestimmte im höheren Sinne, eben eine *Form aus Willen.* Man denke an die einzige moralische Intuition im Neuen Testament: «Liebet einander, wie ich euch geliebt habe.» Sie ist eine Intuition auf der Ebene des Willens. Um sie auf Erden zu verwirklichen, muss man sie stufenweise – stets durch neue Intuitionen im Fühlen und lebendigen Denken – bis in das Alltagsbewusstsein hinein verwandeln, damit sie im irdischen Einzelfall wirksam wird.

Dieses Herunterbringen ist ebenso schwierig zu erlernen wie das Aufsteigen. Im Aufsteigen begegnet man auf jeder erreichten Stufe etwas Neuem, und die Erfahrung auf einer höheren Ebene «entspricht» nicht einfach dem, was man auf einer niedrigeren erlebt hat, sondern fügt jedes Mal etwas Neues hinzu. Will man die Willenserkenntnis «herunterholen», so ist vor allem darauf zu achten, das man sie nicht durch Ungeduld zu rasch auf die Ebene eines Textes bringt; dabei kann der Sinn verzerrt werden oder auch völlig verloren gehen. Mit Geduld suche man das neue Fühlen auf, aus dem sich dann der Denkfluss ergießt, und letztlich lasse man sich die Formulierung durch wieder neue fühlende-sprachliche Eingebung als meditativen Text inspirieren. Geistige Erfahrungen können nur durch meditative Zeichensprache (Text, Bild, Handlung) einigermaßen adäquat wiedergegeben werden.

Geht es nicht um Erkenntnis, um Forschung, sondern um *künstlerische Inspiration,* die auf einem Weg der Bewusstseinsschulung heute aktuell ist (da die mitgebrachten oder nicht-bewusst erworbenen Fähigkeiten um die Lebensmitte herum schwinden), so ist der Weg des Aufsteigens derselbe wie bei der Erkenntnismeditation. Wie bei dieser sollte der Meditierende eine erwartungsvolle Verwandtschaft zu dem Thema fühlen. Der Weg abwärts verzweigt sich auf dem Gebiete des erkennenden Fühlens. In der künstlerischen Meditation nämlich sollte von da aus das Tun erfolgen; die fühlende Inspiration darf sich nicht weiter abwärts in den Denkfluss verwandeln, sondern sollte den künstlerisch intelligenten Willen erfassen und lenken.

Künstlerisches Schaffen aus sehendem Wollen und Fühlen

Jede künstlerische Ausbildung hat dementsprechend zwei Zielsetzungen. Einerseits sollte sie die spezifische fühlende Empfindsamkeit für das Wahrnehmungsgebiet der betreffenden Kunst entwickeln. Andererseits muss in der notwendigen Auseinandersetzung mit der Stofflichkeit (Instrument, Pinsel und Farbe, Ton und Stein, der eigene Körper usw.) die spezifische «Technik» der jeweiligen Kunst ausgebildet werden, sodass zum Beispiel die Hand und durch sie der ganze Körper zum *Sprachorgan* werden, damit sie der Inspiration folgen und sie in ihrer Gefühlsgestalt in die Wahrnehmungswelt einpflanzen können. Das bedeutet die Ausbildung eines intelligenten, «sehenden» Willens, dem nicht durch das Denken oder Vorstellen die Ziele, die Bewegungsformen vorgesetzt werden, sondern der das «Was» des Wollens *in sich* trägt. Eigentlich bedeutet künstlerische «Technik» dieses Schaffen durch den «sehenden» Willen im jeweils spezifischen Wahrnehmungsfeld.[6]

Das erfordert eine zweifache Vorbereitung: die Kenntnis des Stoffes (Instrument, Farbe, Ton usw.) und die Verbundenheit mit dem führenden Sinn (das sehen in der Malerei, das Hören in der

Musik, das Sehen-Tasten in der Bildhauerei usw.), durch den das künstlerische Schaffen gleichzeitig aktiv und passiv wirkt, gestaltend vorgibt und vernimmt – wie im Sprechen Aktivität und Passivität (Artikulieren und Vernehmen des Hervorgebrachten) zusammenfallen.

Die Kenntnis des Stoffes besteht grundsätzlich in einem Verwachsen des Sinnesorganismus – vor allem des für die betreffende Kunstgattung leitenden Sinnes – mit dem Werkzeug, mit dem Instrument (in vielen Künsten ist das Werkzeug der eigene Körper). Das Verwachsen bedeutet die durch ein Fühlen begleitete beziehungsweise geleitete Ausdehnung des Tast- und Bewegungssinnes auf das Werkzeug (das «Fühlen» des ganzen Mechanismus des Klaviers, des Pinsels, der Farbe, des Gleitens des Bogens auf der Saite usw.). Das Werkzeug selbst wird zum Sinnes- und Bewegungsorgan, die Aktivität, das künstlerische Tun wird gänzlich, unter Einbeziehung des Werkzeugs, *durchgefühlt;* nur das sichert die künstlerische Qualität, *dass man etwas damit sagt.*[7]

Bei der Erkenntnismeditation konkretisiert sich im Abwärtssteigen das Erkennen durch den Schritt vom lebendigen Denkstrom zum formulierten Gedanken. Dem entspricht in der Kunst der Übergang der Gefühlsgestaltung in die Wahrnehmungswelt. Die entstandene Wahrnehmung bleibt mehrdeutig, wie ein Meditationstext. Der Weg vom Fühlen geht durch den führenden Sinn – alle anderen Sinne schwingen mit –, und durch diesen entsteht aus der Gefühlsgestalt aktiv das erscheinende «Bild» (auch «Hörbild»), das später (oder gleichzeitig, wie etwa beim Schauspiel) den Vernehmenden durch den umgekehrten Weg affiziert: Durch den führenden Sinn, in dem die anderen mitschwingen, wird das Wahrnehmungsbild aufgenommen, und durch die vielfache Sinnestätigkeit kommt das Fühlen in Resonanz und wird entsprechend gestaltet.

In den älteren Epochen der Kunst waren die Themen fühlbar, daher konnten sie das künstlerische Tun inspirieren. Die Madonna mit dem Kind konnte wenigstens für vertiefte Augenblicke das religiöse Fühlen entfachen und dem Bild, dem Maler die Gefühlsgrundlage bieten; ebenso eine Landschaft oder ein Antlitz. Als das Wahrnehmen, Vorstellen und auch das religiöse Leben die fühlende Qualität, das fühlende Element zu entbehren begannen, wurde das Thema immer mehr zum Vorwand, um Elemente (Sinnesqualitäten) zu gebrauchen, die an sich noch immer Fühlen enthielten und es auslösen konnten. Das Thema selbst aber inspirierte nicht mehr das Fühlen.

In der neueren Kunst lässt man den Vorwand wegfallen und arbeitet nunmehr mit den Elementen, den bildnerischen Mitteln der betreffenden Kunstgattung. Am wenigsten gelingt das in den Künsten, deren Element die Sprache ist. Da ist die Verflechtung des «Themas» mit der Ausdrucksform am stärksten; andererseits kann das Thema durch die vertikale Vieldeutigkeit der Worte[8] mehrschichtig behandelt und entgegengenommen werden.

Durch das Thema (Bildfigur) kann der Betrachter in den bildenden Künsten leicht irregeführt werden. Denn er kann sich mit intentionaler Aufmerksamkeit (die auf etwas Bekanntes, Vorgegebenes gerichtet ist) an das Kunstwerk wenden, wie das in einer Führung in den Bildergalerien oft angeregt wird. «Da sieht man zwei Kühe, eine Windmühle, einen pflügenden Bauern» oder ähnlich. In der modernen, nicht-figuralen Kunst findet man kein «Etwas», höchstens flächige Farbflecken, die für sich offensichtlich noch kein Kunstwerk bilden. So ist der Betrachter (fast) gezwungen, eine empfangende (meditative) Aufmerksamkeit zu aktivieren, durch die allein er die Gefühlsaussage der Bilder entgegennehmen kann (im Grunde ist dies auch bei einem figuralen Bild so).[9]

Durch die Kunst wird die Wahrnehmungswelt verändert. Das Erkennen wandelt an sich die Welt nicht, bloß in der Anwendung der Erkenntnisse. Die Anwendung kann sinn-schaffend oder sinn-los sein: Letzteres ist bei allen Veränderungen der Wahrnehmungswelt, die aus egoistischen Gründen geschehen, der Fall – auch im menschheitlichen Maßstab. Dazu gehören alle technischen Einrichtungen, die der Egoität, der Bequemlichkeit, den sekundären menschlichen Instinkten dienen und nicht «sprechen», das heißt nichts «mitteilen».

Das Sinn-lose entsteht in der Welt durch den Menschen. Allerdings kann er dem so Entstandenen nachträglich Sinn verleihen, indem er es in den Dienst eines sinnvollen, sinnschaffenden Lebens stellt. Die Kunst verändert die Wahrnehmungswelt «sprechend», indem sie neue Bedeutungen schafft. In diesem Sinne ist sie das Nachspiel des alten sakralen Lebens, in dem *alles* sinnvoll war – und zugleich vielleicht Vorspiel einer neuen Menschheitsepoche, in der der Mensch dem Dasein einen neuen Sinn gibt.

Anmerkungen zum Anhang:
Kunst und Erkennen

1 Kunst bringt im Erlernen und Ausüben viele Erkenntnisse mit sich; aber ihr Ziel ist nicht darin zu suchen, denn sie will die Wahrnehmungswelt sinnvoll verändern.

2 In vielen Kunstrichtungen glaubt man heute ohne Schönheitsanspruch auszukommen. Da werden «interessante», «ungewöhnliche», «anregende» Kunstobjekte verwirklicht; meistens erfordern sie gedankliche Erklärungen und regen auch dazu an. Es ist mindestens fraglich, ob hier nicht ein Missverständnis in Bezug auf die Kategorie «Kunst» vorliegt.

3 G. Kühlewind, *Das Licht des Wortes,* Kap. 1: «Das Leben der Bewußtseinsseele», Stuttgart 1984.

4 G. Kühlewind, *Die Belehrung der Sinne,* Kap. 2: «Die Sprache und die Sinne», Stuttgart 1990.

5 G. Kühlewind, *Vom Normalen zum Gesunden,* Kap. 5. Stuttgart 1990. Derselbe, «Schulung der Aufmerksamkeit», in *Freiheit erüben,* Stuttgart 1988. Derselbe, *Die Belehrung der Sinne,* Kap. 8: «Wahrnehmungsübungen», Stuttgart 1990.

6 Wenn man spricht, schreibt man den Sprachorganen ihre Bewegungen nicht durch Vorstellen oder Denken vor – man könnte das auch nicht –, und man kümmert sich gar nicht darum, was die Sprachorgane tun. Das ist nicht bloß Ergebnis einer Eingewöhnung, denn auch das kleine Kind weiß nicht, was die Sprachorgane tun müssen, um etwas Gehörtes zu reproduzieren. Eine ähnliche überbewusste Willenstätigkeit wird in der künstlerischen Ausbildung angestrebt.

7 Dichten und künstlerische Prosa schreiben bedeutet mit Lautqualitäten zu arbeiten bzw. mit Laut-Vorstellungen; das stumme Lesen künstlerischer Texte verlangt mindestens die Vorstellung des Erklingens (bis zum 4. Jahrhundert n. Chr. wurde überhaupt nur laut gelesen).

8 Die vertikale Vieldeutigkeit der sprachgegebenen Wortbegriffe wird in

der Symbolsprache der Mythen und Märchen am leichtesten erlebbar: Ein Gegenstand oder Wesen bedeutet in seiner Bildhaftigkeit vieles, das anders nicht ausgedrückt werden kann. Diese Eigenschaft der Worte kommt in anspruchsvollen (auch in meditativen) Texten zur Verwendung.

9 Diese beiden Aufmerksamkeitsarten kennen wir gut: zum einen im Blickkontakt (empfangender, einladender Blick), zum anderen im Blick des Augenarztes in dieselbe Richtung, aber intentional beobachtend gerichtet.

Georg Kühlewind

Die Wahrheit tun

Erfahrungen und Konsequenzen
des intuitiven Denkens
238 Seiten, kartoniert

«Achter Schöpfungstag ist es, wenn der Mensch *beginnt,* zu schaffen anfängt. Diese Schöpfung liegt in der Richtung der schon erreichten – und noch nicht verlorenen – Anfangsbewegung des Erkennens; sie ist die Verlängerung des intuitiven Augenblicks und damit sein Erfahren; oder auch: die Erfahrung der Gegenwart anstatt der Vergangenheitswelt. Der Mensch schafft dadurch die Welt der Gegenwart, die Weisheit der Gegenwart.»

Verlag Freies Geistesleben

Georg Kühlewind

Wege zur fühlenden Wahrnehmung

Die Belehrung der Sinne
101 Seiten, kartoniert

«Im Wahrnehmen sind mein Tun und das Tun der Natur für gewöhnlich vermischt. Die Schulung versucht, beide in Reinkultur erstarken zu lassen, damit beim Lesen der Zeichen, aus denen die Natur besteht, das menschliche Tun womöglich völlig zum Schweigen gebracht wird. In diesem Schweigen kann letztlich die Idee des Wahrgenommenen ertönen, wie ein Flüstern mit negativer Tonstärke – leiser als lautlos.»

Verlag Freies Geistesleben

Georg Kühlewind

Aufmerksamkeit und Hingabe

Die Wissenschaft des Ich
110 Seiten, kartoniert

«Das ist die Kraft des Ich oder der Aufmerksamkeit, dass sie sich identifiziert mit dem vorläufigen Objekt und doch unverändert bleibt. Dies mag in dem Pendelschlag Hingebung – Rückkehr geschehen, da ergibt sich eine Erfahrung in Vergangenheit. Oder es kann in der Gegenwärtigkeit stattfinden, indem das Ich in der Durchsichtigkeit Zeuge ist.»

Verlag Freies Geistesleben

Georg Kühlewind

Licht und Freiheit

Ein Leitfaden für die Meditation
68 Seiten, kartoniert

«Wonach wir suchen, ist keine Lehre, sind keine Worte, Begriffe, Theorien, Informationen, ist keine Weltanschauung, sondern Erfahrung, zu der eine Fähigkeit hinführt, in der Fähigkeiten ihren Ursprung haben: vor allem die Fähigkeit, den ganzen Prozess als Einheit zu sehen, das Phänomen, die Aufmerksamkeit und den Zeugen.»

Verlag Freies Geistesleben

Georg Kühlewind

Vom Umgang mit der Anthroposophie

Mit einem Vorwort von Jörgen Smit
86 Seiten, kartoniert

«Wahrheiten, auch die anthroposophischen, können nicht einfach als feststehende Dogmen überliefert werden. Sie sind immer Wahrheiten eines bestimmten Zeitalters und müssen zu jeder Zeit neu aufgefasst werden. Das erfordert jeweils eine erneute Aktivität in Bezug auf die Auffassungsgabe des Menschen.»

Verlag Freies Geistesleben

Georg Kühlewind

Gesunden im Licht

Die Heilungen in den Evangelien
113 Seiten, kartoniert

«Die Heilungen sind in den Schilderungen der Evangelien mit einer besonderen Ehrfurcht umgeben. Es geht ja nicht einfach um Zwischenmenschliches, wenn der Herr heilt, sondern um den Sinn unseres Daseins. Um dem Verständnis dessen näher zu kommen, was in diesen Vorgängen geschieht, verwenden wir einerseits das Meditieren, andererseits blicken wir auf unsere Erfahrungen mit ‹offenen› Menschen, die von der geistigen Welt und von anderen Menschen nicht so abgeschirmt und abgetrennt sind wie die meisten von uns.»

Verlag Freies Geistesleben

Weitere Bücher von Georg Kühlewind

Sternkinder
Kinder, die uns besondere Aufgaben stellen
141 Seiten, kartoniert

Bewusstseinsstufen
Meditationen über die Grenzen der Seele
101 Seiten, kartoniert

Das Leben der Seele zwischen Überbewusstsein
und Unterbewusstsein
Elemente einer spirituellen Psychologie
92 Seiten, kartoniert

Vom Normalen zum Gesunden
Wege zur Befreiung des erkrankten Bewusstseins
347 Seiten, kartoniert

Weihnachten
Die drei Geburten des Menschen
102 Seiten, gebunden

Das Gewahrwerden des Logos
Die Wissenschaft des Evangelisten Johannes
183 Seiten, kartoniert

Das Licht des Wortes
Welt, Sprache, Meditation
204 Seiten, kartoniert

Verlag Freies Geistesleben